もうひとりの4番サードN

内田今朝雄　著

目次

まえがき　4

第0章　長嶋茂雄と難波昭二郎　7

第1章　難波昭二郎　誕生～高校　13

第2章　関西大学1年～3年　29

第3章　大学4年　長嶋と初対決～入団決意　37

第4章　キャンプ～プロ野球開幕　49

第5章　プロ野球2年～4年　61

第6章　引退～デュプロ　79

第7章　パイオニア～晩年　89

あとがき　110

まえがき

Nへの想い30年、やっと形になりました。

この書籍の主人公、難波昭二郎さんには大変失礼な話なのですが…。そもそもこの本を書こうと思ったきっかけは、イタリア在住の作家塩野七生さんの一言でした。私が資生堂の「花椿」の編集者時代、塩野七生さんの連載を担当していました。連載打ち合わせで帝国ホテルの喫茶店で話をしていた時、「内田さんは何にいちばん興味あるの？」と聞かれたので「今、ジャイアンツの監督の長嶋さんが大好きなんですよ」と答えてしまいました。「そんなに好きならナガシマの本書けばいいじゃない」と、塩野さん。そう、この一言が、私の心を揺さぶりました。「そうかあ、それは面白くなりそうだ」と感じ、次の日からその目標に向かって突き進んだのでありました。

で、長嶋さんに近い関係者に「長嶋さんの本を書きたいのですが…」と話を切り出すと、「ナガシマ本は世の中にごまんとある。ナガシマについては、もう書き尽くされているから、今出版しても売れないよ」と即答されてしまったのです。

確かに彼の言う通りで、いくらナガシマ好きでも、好きなだけでいい本が書けるわけではない。そこで、考えました。長嶋さんを脇役にしよう、と。で、長嶋さんのまわりを見てみると、いました。長嶋さんを脇役にする格好の主人公、難波昭二郎さんを発見。東京六大学のヒーロー長嶋に対して、関西六大学のヒーロー難波。「東の長嶋、西の難波」とマスコミでも騒がれた選手です。そして、運命のいたずらで、この二人がジャイアンツに同期入団することになったのです。大学時代は、ふたりとも「四番サードN」。これは面白いノンフィクションが書けるぞ、と意を決し、創作活動に入ったというわけです。

当然、本人に取材しなければ始まらない。その当時、難波さんはワーナーパイオニアというレコード会社の役員をされていました。私の主旨をお話しすると「よし分かった！何でも話すからいいもの書いてよ」と快諾してくれました。「心の温かい人でよかった～」と、さらに創作意欲が湧いたのでありました。

第0章

長嶋茂雄と難波昭二郎

1996年の秋、プロ野球セントラル・リーグのペナントレースは最後の最後までもつれ、盛り上がりのある面白いエンディングを迎えた。巨人が129試合目に、ねばる2位の中日を振り切り、自力で優勝を決めた。三カ月前には首位広島に十一・五ゲームも離されていた巨人が奇跡の大逆転を成しとげたのだ。連日、スポーツ新聞、テレビのスポーツ番組は巨人、中日、広島の上位三チームの熱い戦いぶりを報道する。その賑やかな紙面や画面の中心にいつもいるのが、巨人軍監督、長嶋茂雄だ。巨人が勝っても負けても、長嶋の文字は大きく見出しに踊る。彼はいつの時代でもヒーローであり続けている。その出発点となったのが、1957年のことだった。その時、長嶋と運命的な出会いをするもうひとりの、同時代を生きた選手がいた。

1957年のスポーツマスコミは久々の活況を呈していた。プロ野球の公式戦が終わって一段落という時期に、大学野球で活躍した大型選手がどのプロ野球球団に入るのかということで、連日スポーツ新聞の一面を賑わしていた。その大型新人と騒ぎ立てられていたのが、「東の長嶋、西の難波」である。「東の長嶋」は、立教大学の長嶋茂雄。「西の難波」は、関西大学の難波昭二郎。この二人のスラッガーがどこの球団に入るのかが、みんなの関心の的だった。この当時、今のようなドラフト制度などはなかった。だから、選手の運命が一枚のクジによって決まるようなことはなく、選手と球団の個人的な交渉によって決まる。いろいろな球団から誘いのあった二人だが、その行方はほとんど決まっていた。しかしながら、土壇場でどんでん返しがあり、二人とも噂とは違う球団に入ることとなった。それも二人揃って、同じ球団の巨人に入団が決まったのだ。

長嶋茂雄は東京六大学リーグでのホームラン記録を四年生最後の試合で打ち立てた。東京六大学のスターとして、一年の頃から注目され、その期待に応えるような活躍をしてきた。今でこそ万年Bクラスの立教大学だが、彼がチームにいた頃は立教大学の黄金時代だった。四年生の時は連続優勝もしている。長嶋の他に、エースの杉浦忠（元南海）、内野手の本屋敷錦吾（元阪神）など、プロ野球に入ってからも活躍した選手が、この黄金時代を支えていた。

長嶋が注目されるようになったのは、千葉県佐倉一高時代に打った伝説の大ホームランによってだ。大宮球場で行われた、夏の甲子園へ向けての南関東大会での対熊谷高との試合で、センターバックスクリーン直撃の大ホームラン（推定125メートルといわれている）を打ったのだ。「千葉に天才バッター長嶋あり」と、その評判が一気に知れ渡った。プロ野球スカウトを始め、マスコミの注目が加速するようになった。

長嶋は複数の球団から誘いがあったが、迷いなく立教大学に進学した。そして、野球部で砂押監督のあの有名なスパルタ教育によってきたえられた。長嶋が飛躍したのは二年の秋のリーグ戦からだ。四番バッターとしてチームをひっぱり、首位打者をとるなどして、チームをBクラスからAクラスへ引き上げる原動力になった。そして四年の時には春夏連続優勝という快挙を成し遂げた。特に秋では、長嶋は首位打者を獲得し、東京六大学リーグの新記録となる8本目のホームランを最終戦で放ってますます注目されることになった。

一方の難波昭二郎は、関西六大学リーグでのホームラン記録7本を樹立して、関西のスポーツ新聞を賑わせていた。難波のいた関西大学は当時強かった。一年後輩の村山実がザトペック投法でエースとして君臨し、打者では難波が豪打の四番打者としてどっしり構えていた。投打の両輪が活躍したことで三年、四年と連続して優勝を経験している。

難波は、甲子園出場もない進学校の大槻高校で野球をやっていて、それほど注目されてはいなかった。しかし、二年の春の大阪大会で決勝まで進み、浪商と死闘を演じて負けたものの、一躍脚光を浴びるようになる。三年の時には親善大使として来日したハワイチームとの試合に、大阪選抜の一員として選ばれるほどになった。そして、関西六大学の雄、関西大学に進んだのだ。

大学野球選手権というのがある。各大学リーグで春に優勝した大学が年に一度、八月下旬に神宮球場で大学日本一をかけて戦うのだ。関大は二年連続してこの大会に出場している。前年度は、難波、村山の活躍で、初の大学野球日本一に輝いた。

立教は長嶋が四年の時に出場した。で、この時、神宮球場で長嶋と難波が運命的な出会いをすることになる。東京六大学代表の立教と関西六大学代表の関大とが戦ったのだ。

「東の長嶋、西の難波」といわれたこの二人、長嶋茂雄と難波昭二郎。共通点も多い。ポジションはサード。打順は四番。東と西の六大学野球でホームラン記録を樹立したスラッガーである。しかも「ながしま、なんば」とイニシャルはN。そしてなによりも究極の共通点が、そろって同じ年に巨人に入団することになったことである。長嶋は南海に、難波は中日にほぼ決まりかけていたのが、急転直下、二人とも巨人に入団が決まってしまったのだ。難波の運命もこの時点で決まったようにもみえる。「東西のN」といっても天才バッターの長嶋とコツコツ努力型のバッターの難波とでは、やはりその天才の冠がついている分違っていたのかもしれない。

第1章

難波昭二郎　誕生〜高校

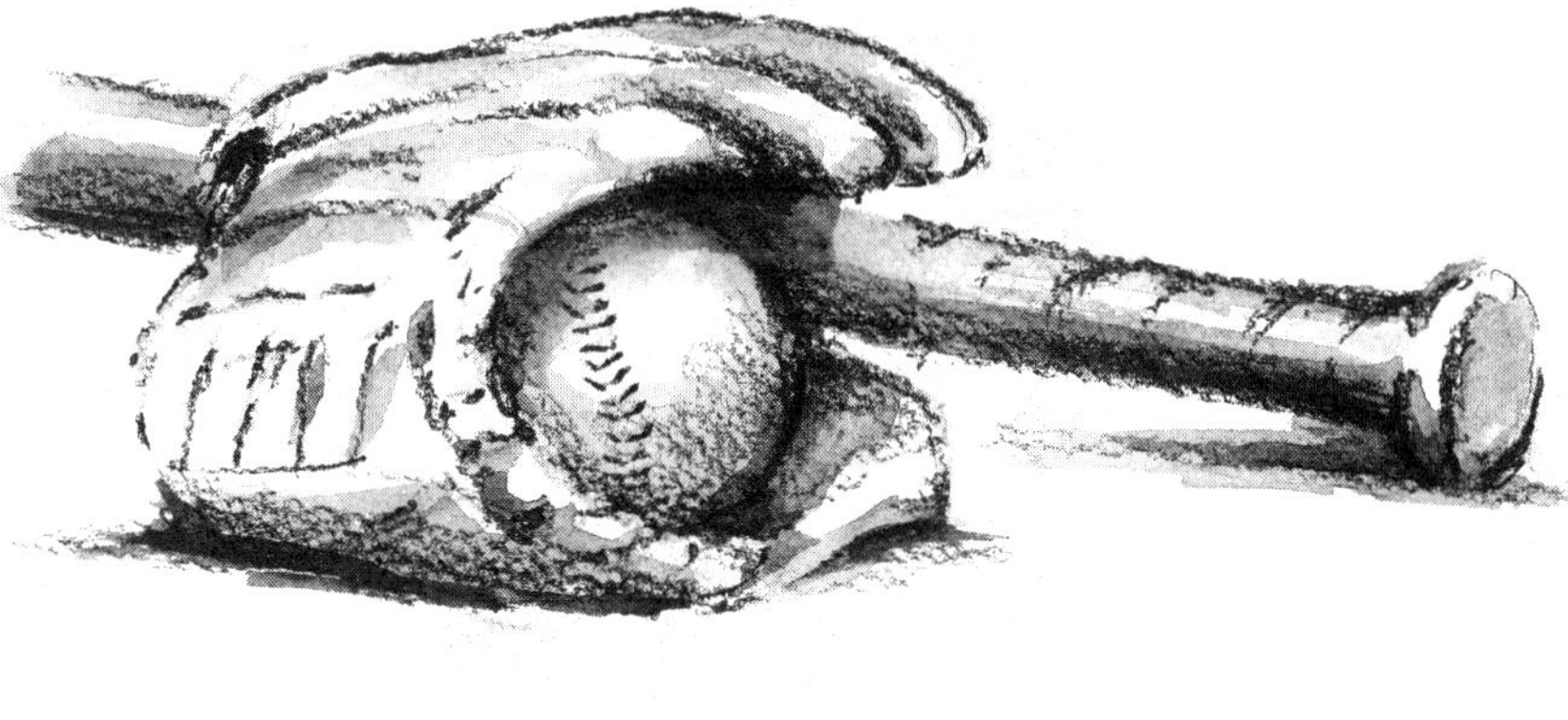

○社会の動き

第1次世界大戦（1914年～1918年）の後も、日本と中国では争いごとが続いていた。1936年の西安事件、翌年の盧溝橋事件など、日中全面戦争の様相を呈してきた。そして、やがて第2次世界大戦へと発展していくことになる。

1938年には国家総動員法が敷かれ、国民は節約を強いられ、英語使用禁止など、日本は戦争一色に染まっていった。

●1941年、独ソ戦を皮切りに、日本は米英比蘭印を相手に大東亜戦争に突入した。

戦時下、日本は中国のみならず東南アジアに領地を広げる展開であった。このような動きがアメリカやイギリス、オランダを刺激することになった。そしてアメリカとの関係がギクシャクした1941年の12月、日本軍はハワイの真珠湾を奇襲攻撃し、太平洋戦争が勃発した。初期の日本軍は連戦連勝であったが、米軍の本土空襲やミッドウェー海戦などで態勢が不利になり、日本軍は苦戦するようになった。

●1945年、硫黄島の日本軍玉砕、B29による東京など大都市への大空襲、戦没者

18万人超の沖縄戦、ソ連参戦、広島・長崎への原爆投下で、日本は終焉を迎えた。そして、天皇陛下による「玉音放送」で、日本は完全に敗北した。

●1946年、軍国主義者が追放され、民主化闘争が活発化した。新しい日本国憲法が公布された。

●1951年、日米安全保障条約が調印され、日米の関係強化が図られた。

●1953年、テレビの本放送が始まる。プロレスやプロ野球中継などを見るために街頭テレビの前は黒山の人だかりであった。

1935年2月19日に、岡山の「なんば」という小さな料亭で、難波昭二郎は生まれた。昭二郎という名前の由来は単純なものであった。昭和十年に生まれたのだから昭十郎がいいだろう、いや昭十郎ではゴロが悪いから昭二郎あたりがいいか、二月生まれの次男坊だからちょうどいい、といった程度の由来である。まあ、難波自身、自分の名前の由来に特別の興味があったわけでもなかった。だいいち、自分の名を深く考える余裕などなかった。

この地方には難波という姓がいっぱいあるが、彼と血のつながりのある親戚はほとんどいなかった。というのも、父親が、その地方で料亭をいとなむ難波家に夫婦養子として入ったからだった。父親はその料亭の息子として腕のいい板前であった。やがて、長男、次男をもうけることとなる、その次男坊が、昭二郎である。「なんば」には仲居さんが十人程いた。若い人もいれば、年配の人もいる。体が大きく、スクスク育つ昭二郎を、自分の孫のように可愛がってくれた仲居さんがいた。彼も、祖母のように慕った。たしかに彼の母親は料亭のキリモリに追われる毎日だったし、彼の面倒を一から十までみるというわけにはいかなかった。

昭二郎にとって母親はこわいというイメージだけしか残っていない。39歳で亡くなった短命の母親だったから、彼女が強い時代しか見ていなかったし、その分、彼は小さかったわけだから、なおさらその感が強い。元来、母親は女の子が好きなようだった。二人目の子供、つまり昭二郎が生まれる時は、女の子用のものをひと通り揃えていたらしい。それが男の子だったので、そうとうガッカリしたようだった。

1941年12月8日、日本軍がパールハーバーを襲撃した。太平洋戦争の始まりである。父親は戦争が始まるとすぐに兵役にかり出され、中国大陸に赴いた。そしてしばらくすると、北京にいる父親から一通の手紙が岡山の家族あてに届いた。「軍を除隊した。料亭をたたんで、家族三人ですぐに北京に来なさい」という内容であった。母は素直にこれを受け入れ、家族の北京行きはすぐに決まった。昭二郎が六歳の時であったから、親の決断についていかざるを得なかった。父親としては、岡山の田舎で小さな料亭をやっていてもしょうがいない、北京あたりで一旗あげてやろう、という気があったのではないかと、幼な心にも昭二郎には感じられた。

北京に半年いて、難波家族は天津に移った。当時の中国は日本人にとって住みごこちのよい所であった。戦時中でありながらも、なんといっても日本軍は強かった。終戦まで天津に住みついたが、毎年夏になると日本に帰ってくる余裕さえあった。満州鉄道に乗って朝鮮の釜山を抜け、下関から船でというルートだったが、それはけっこう面白い旅であった。

昭二郎は天津で日本の国民学校に入学した。当時、日本人の滞留者は八千人はいただろう。天津だけでも国民学校は五つもあったのだ。戦争といっても大した混乱もなく、けっこうラクな生活をしていた。それが、終戦と同時に日本人の生活は一変して地獄と化すことになる。

1943年8月に母親が他界。あまりにも若い死に、家族は動揺したが、残った父と兄と昭二郎の三人で頑張るしかなかった。戦況が悪化してくると、中国にいる日本人は現地招集で、若くもない父親がまた兵隊にとられてしまい、小学生の子供二人だけで生活することになった。が、親戚がまわりにいたし、戦争中とはいえ中国人の知り合いもできていたので、そんなに悲惨なものではなかった。

そして、１９４５年、広島と長崎に原爆が投下され、日本が敗北という形で終戦をむかえた。中国に疎開していた日本人は一斉に日本へ引き揚げることになった。難波兄弟は何ヵ月もその順番を待った。いよいよ引き揚げの一週間前という時に、その知り合いの中国人から三日三晩説得された。

「私たちの子供にならないか。中国人として立派に育ててやる。敗戦した日本に帰ってもしょうがないだろう。それに母親もいないし、父親だっていつ帰ってくるかわからないのだから。君たちは中国人の私たちの子供になる運命なんだよ」と。

小学校四年と五年の少年は、

「あなたたちの気持ちはうれしいけど、僕たちは日本人だから、生まれ育った日本に帰ります」と、きっぱり断った。

１９４６年3月、難波兄弟の乗った船が佐世保に帰ってきた。船窓から見る、久々の日本。桜がきれいに咲いていて引き揚げ者を歓迎しているようで、兄と弟は肩を抱き合って涙したのだった。ここで、兄の茂夫は父親の郷里の大阪へ、弟の昭二郎は母親の郷里の岡山へと、分かれることになった。結局、家族四人が散りぢりになってしまったわけだ。母親が他界し、父親は兵隊に引っぱられ、兄弟もこの時点で大阪と岡山へ。この先どうなるのやらと、それぞれが思ったに違いない。

もう父親は死んでいるのではないかと半ば諦めていたのだが、半年後に父親がひょっこり帰ってきたのだ。それで、散りぢりになっていた親子三人は再び一緒に暮らせることになり、大阪の高槻に住まいをもうけることになった。

昭和の後期には、毎年のようにテレビで中国残留孤児の日本での親類探しを報道している。難波は、その報道を食い入るように真剣に見つめていた。けっして親類の者がいるわけでもなかった。自分も彼らと同じ時期に中国に渡り、一緒に生活していた仲間だと思うと、どうしても他人ごととは思えないのだった。当時、戦争が激しくなり、彼らの家の近くまで空襲が襲い、それこそクモの巣を散らすように逃げ惑った。運よく兄弟そろって逃げることができたから今日の自分があるんだと思った。一歩間違えれば、永久に家族と再会できなかったかもしれない。難波は、つくづく自分はラッキーだったなと思う。

難波家族は、大阪でやっと安定した生活に戻ることができた。兄弟は高槻の芥川小学校に編入した。この時、編入手続きが一週間ほど間に合わなくて兄は六年生を、弟は五年生を二回やるはめになった。

野球を始めたのは、ちょうどこの頃だ。もっとも男子の遊びといえば野球しかない時代だった。小学校の授業が終わるとみんな一目散に家に帰ってカバンを置き、また学校に戻ってくる。小学校の校庭で草野球が始まる。難波は、彼と同じ小学生だけで野球をやった記憶がない。自分よりも大きい人、中学生や高校生たちと一緒にやった、レベルの高い野球のことしか思い出せない。

毎日毎日、日が暮れるまで野球をやっていたが、夕方の六時前になると、一緒にやっていた兄といつもケンカになる。というのは、父親が六時に夕食のおかずを買って帰ってくるのだ。その前に兄弟どちらかがお米をといでご飯を炊いておかなければならなかった。それが、母親のいない難波家の規則だったのだ。現在のようにスイッチひとつでおいしいご飯がたける炊飯器なんていう便利なものは、終戦当時はもちろんなかった。丸めた古新聞に火をつけ、筒でフーフー拭きながら消し炭に火を起こして、それでご飯を炊く。それを、小学生の男の子がする。なんで僕だけ母親がいないんだ、どんな口うるさい母親でもいてくれなくては困るのだ、とよく思った。だって、楽しい野球をもっともっとやっていたいのだ。まして打つたびにヒットというような調子がいい時は、途中でやめるのはもったいない。三振ばかりしている時でも次の打席ではホームランを打ってやろうと思うものである。兄と弟、ある時は兄の権限で弟を帰らせ、ある時はジャンケンで負けた方、またある時は弟思いの兄が自ら帰ることもあった。

当時、野球をやるといっても、現在のように野球用具が揃っていたわけではなかった。グローブは厚めの布を二、三枚重ねて作ったものを使っていた。バットは棍棒。雑木林へ行って適当な棒切れを拾ってきて、それを削ってバットらしく仕上げるのだ。そのバット作りの名人がどこにもいるものだ。昭二郎の遊び仲間にもそういう名人がいて、小刀を器用に使ってササッと一流のバットに仕上げてしまう。ボールは健康ボールという軟式のものが出始めた頃だった。といっても、打てばボールからアンモニアが飛び散るようなシロモノではあったけれど。それでも、ビー玉に布をぐるぐる巻いて作った、それまで使っていたボールよりもずっと遠くへ飛んだ。いきおい、点の取り合いになる試合が多くなった。ユニフォームやスパイクなども、もちろんなかった。汚い普段着に、裸足かあるいは地下足袋をはいて走り回ったものだ。

1948年4月、私立の高槻中学に入学する。二年前に新制中学になってからは入学試験も厳しくなった、私学の受験校である。だから、運動なんかより、むしろ勉強に力を入れている学校だったといえる。男子校だったので学校には女性がまったくいなかった。教師はもとより、事務員でさえも女性はいなかった。あえて競争率の高い高槻中学に入ったのは、例えば野球が強かったとかいった特別な理由があったわけではなく、単純に兄が一年前に入学していたからにすぎない。

中学に入ってからも、難破は野球をやった。しかし、正式な野球部というのはなかった。進学校だったから、野球を夢中になってやる生徒が少なかった。それで、中学の頃から高槻高校の野球部の練習に参加した。高校野球となると、当然、軟式ではなく硬式ボールである。最初はその石のような硬さに恐れをなしたが、それは野球好きの難波のこと、すぐに慣れて、よくバッティングキャッチーを務めたものだった。

野球の記事に興味をもったのは中学に入ってからだ。ふつうの新聞のスポーツ欄だけでは物足りなくて、『ベースボール・マガジン』や『ホームラン王』などの野球雑誌を買いあさって学校で読みふけったものだ。あの時代は、少年たちの話題といえば野球ぐらいしかなかった。今のように、テレビドラマのなんとかがどうした、やれ芸能界の誰と誰がくっついたなどという、そんな話題はなかった。だいいち、テレビなんて存在していなかったのだから。もっぱらラジオである。みんながみんな野球に興味をもっていたから、実際に野球をやらない者でもルールやプロ野球選手の知識などはよく知っていた。ラジオのプロ野球中継はNHK第二放送でやっていた。夕食を食べながら、あるいは宿題をやりながら、野球中継を聴いていた。そのうち、プレーボールからゲームセットまで念入りにスコアブックをつけるようになった。むしろ野球を聴く以上はスコアブックをつけなくてはいけないという風潮さえあったようだ。

好きなプロ野球チームはもちろん阪神だ。東京で育った少年がジャイアンツ・ファンになるのと同じように、大阪といえば阪神タイガースだ。当時、藤村富美男がタイガースの中心打者として活躍していた時で、それはそれは夢中になった。野球の練習が休みの時は甲子園へ見に行ったものだ。そこで、自分の目で選手の一挙手一投足をよく観察した。難波の打撃フォームは知らないうちに藤村に似てきていた。

雨が降って外で野球ができない時は、家の中で野球ゲームをやった。もちろんファミコンなんてあるわけないし、デラックスな野球盤なんてものもない。コリントゲームのような斜めにした板の上から玉をころがして打つという簡単なゲームである。でも、これが面白いのだ。自分でオーダーを組んで、一打席一打席ノートに記録していく。難波がひきいるチームは、もちろん阪神である。最近、藤村の当たりがとまっているから六番に下げようか、などと自分が監督になったつもりで選手を動かせるのが楽しみだった。それにプロ野球だけでなく、自分が中心の好きな人だけ集めた架空のチームとプロ野球チームと戦わせる。難波と藤村が首位打者を争ったりするのだ。試合が終わるたびに打率や防御率を算出してベストテンを表にしたりする。これには、やめられないほど夢中になった。

1951年、高槻中学から高槻高校へと進学する。中学までは四クラスあったが、高校からは三クラスになる。これは、高校入学時によその高校へ出ていく者が結構いるということである。進学校の高槻高校は、勉強についていけない者は追い出しにかかる。他の商業高校か工業高校を受験しなさい、と学校側から勧めるのだ。もちろん、学校の規則に従わない者はすぐに退学である。また、登校する時、校門まで二キロを必ず走らなければならなかった。校長をはじめ先生たちがそれを監視しているのだ。ちょっとでも歩いていると、朝礼で殴られるのだった。今では考えられないほど厳しい学校だといえる。

難波は幸いにして他の高校へ進学を勧められる口ではなかった。むしろ勉強はよくやったほうである。そのうえに彼は野球をやっていた。練習が終わって帰宅すると、疲れはててバタンキューという状態であったが、それでも彼は頑張った。うたた寝しながらも、必ず本だけは開いていた。時には眠くならないように薬を飲んで、勉強したこともある。そうしなければ、学校の勉強についていけなかったからだ。そのかわり、学期末のテストが終わると何十時間も寝続けていた。

難波は後年になって振り返ると、この高校時代、学問とスポーツを両立させたことがよかったと思っている。野球をやっているからアタマが悪いんだ、あるいは勉強のために野球をやめたんだ、と言われたくなかった。そういう強い根性があったから頑張れたのではないだろうか。


高校野球で高槻高校というのはあまり有名ではない。当時、関西では浪商、八尾高、北野高、芦屋高などが名門として知られていた。ただ高槻高校はアタマのいい学校なのに珍しく野球が強いという評判ではあった。ことに高槻の一、二番コンビは有名だった。難波兄弟である。一番ショート難波昭二郎、足の速い大型内野手。二番キャッチャー難波茂夫、キャプテンでチームの要。それに竹内勝一、森田安彦というスラッガーが中心打者として続く。なかなかの強力打線である。

高校野球で最高の成績を残したが、高校二年の春の大阪大会。決勝戦で浪商と対戦し、十対九で負けて惜しくも準優勝に終わった。昭二郎のエラーがきっかけとなって逆転サヨナラ負けを喫したのだった。翌日、初めて難波のプレーのことが新聞のスポーツ欄に載って、おおいに照れたのを覚えている。この年の秋、父親が再婚して二人目の母親ができた。

母親が今までいなかった苦労を考えると、ほんとによかったと思った。ご飯を炊かなくていいし、後片付けもしなくていい。精神的にも肉体的にも生活が安定して、バラ色という感じさえした。

高校三年の春、ハワイとの親善高校野球が行われた。ハワイチームが日本に来て、各地で試合をやった。難波は大阪選抜の一員として選ばれ、初めて外国人チームと対戦した。試合は四対〇でハワイチームの完勝に終わった。難波は試合に途中から出場して一打数ノーヒットに終ったけれど、晴れの舞台に立てただけ満足だった。この時、「俺は大阪の中でも野球がうまいほうなんだな」と密かな自信のようなものが芽生えた。大学でも、野球は続けたいと思った。できれば京都大、立命館、同志社、神戸大、関西学院大、関西大のどこか、つまり関西六大学リーグで。

日本プロ野球の歩み

1920年：「合資会社日本運動協会」設立。日本のプロ野球の始まり。次いで「天勝野球団」が設立される（プロ球団を宣言するのは、1923年）。日本運動協会は朝鮮満州にも遠征し人気を博す。

1923年：関東大震災の震災被害により「日本運動協会」「天勝野球団」ともに解散。

1934年：「大日本東京野球倶楽部」（東京巨人軍、現在の読売ジャイアンツ）が設立。

1935年：「大阪野球倶楽部」（大阪タイガース、現在の阪神タイガース）が設立。

1936年：「大日本野球連盟名古屋協会」（名古屋軍、現在の中日ドラゴンズ）、「東京野球協会」（東京セネタース）、「名古屋野球倶楽部」（名古屋金鯱軍）、「大阪阪急野球協会」（阪急軍、現在のオリックス・バファローズ）、「大日本野球連盟東京協会」（大東京軍）が発足。これらの球団が集まり、日本初のプロ野球リーグとして「日本職業野球連盟」設立。現在のようなペナントレース（公式戦）が始まり、日本における全国規模の社会人スポーツリーグ第1号となった。

1937年：「後楽園野球倶楽部」（後楽園イーグルス）発足。

1938年：「南海軍」（現在の福岡ソフトバンクホークス）発足。

1939年：日本職業野球連盟が日本野球連盟に改称。

１９４４年：第２次世界大戦でプロ野球は活動休止。
１９４５年：日本野球連盟の復活宣言。
１９４６年：ペナントレース再開。
１９４９年：プロ野球再編問題。日本野球連盟がセントラル・リーグとパシフィック・リーグに分裂（２リーグ分立）し、日本野球機構が誕生。
１９５０年：２リーグ分立したことにより、各リーグ優勝チームによる選手権試合「日本選手権シリーズ」（１９５３年まで「日本ワールドシリーズ」と呼称、１９５４年から「日本シリーズ」の通称を使用）を開始。第１回日本シリーズ優勝に毎日（現在の千葉ロッテマリーンズ）。

第２章

関西大学１年〜３年

１９５４年春、関西大学に入学が決まる。高校野球ではちょっと知られた存在になっていた難波に、いろいろな大学から誘いの手が伸びていた。関西学院大学からも誘われたが、これはガンとして断った。というのは兄の茂夫が一年先に入学している。昭二郎は、今度は兄とチームメイトではなく、ライバルチームで活躍したいと思ったからだった。思えば、高槻中学校、高校と、兄の進んだ道をそのままなぞるように追ってきた彼にとって、初めて自分の意思で自分の進路を決めたことになる。それで、関西学院大学とライバル視される関西大学に入学することにした。もちろん、推薦入学である。この推薦にも、学長推薦、野球部長推薦、野球部推薦という三段階があった。難波はいちばん下の野球部推薦である。もちろん、入学試験がある。受験者は百三十人もいた。うち甲子園出場組は二十人。試験科目は、英語、国語、社会とひととおりある。が、この一次試験を通過するのはわずかしかいないらしい。というのは、中学、高校と勉強せずに、野球一筋という連中が推薦を受けることが多いからだ。一次試験を通過できなかった者は時期をずらして追加試験にのぞむ。難波は、この一時試験を軽くクリアして、早々と野球部員になった。

正式に大学生になってホッと一息ついたその日に、父親が亡くなった。１９５４年４月１日である。ちょうどエイプリルフールだったので、「おまえ冗談だろう！」と、なかなか信じてもらえなかった。難波は練習を休んだことが一度もなかったが、この日だけは虫の知らせか、初めて練習を休んでいた。そしたら、その日の午後に父親が亡くなった。息をひきとった父親の安らかな顔を見ていたら、いろいろ自分の将来のことが頭の中を巡ってきた。ようやく大学に入ったが、お金があるわけでもないのだから、のほほんと野球をやっていていいのだろうか、いっそ学校をやめて働こうかとも思った。

新学期が始まるとすぐに新人戦が行われた。これは、新入生と二年生だけでやる対外試合である。出場できた新入生は、難波と同じ高槻高の森田をはじめ、その一時試験をクリアした十人だけであった。野球でピカ一の甲子園組はまだ入学できてないわけだから、この新人戦には出場していない。西京極球場で行われた第一戦の対戦相手は同志社。相手ピッチャーは二年生の国松彰（元巨人）。こちらは三番難波、四番森田であとは全部二年生というメンバーでのぞんだ。難波はこの試合で五打数五安打という活躍をして、難波の名を印象づけた。鬼のいぬ間のなんとやらではないけれど、野球の才能のある選手がいずれ入って来るだろうけど、彼らが来る前に一仕事できて、ホントに自分は運がいいな、と感じた。あんな勉強にうるさい学校を出たからこそ、こうして試合に出場できたのだ、と感謝した。

いよいよ春のリーグ戦が始まった。一年生でユニフォームをもらえたのは、難波と甲子園で活躍したピッチャーの中西勝己（元毎日オリオンズ）だけだった。東京六大学の早慶戦にあたるのが、関西六大学では関関戦である。兄のいる関西学院大学と弟のいる関西大学の試合である。一緒に住んでいたこの兄弟は、関関戦の前になると口をきかなくなる。難波は最初の頃、ピンチヒッター専門だった。一年生だから当然である。けっこうチャンスに代打で出てタイムリーヒットをよく打った。それで、最終戦の関関戦で初めてスターティングメンバーでフル出場した。試合の前に監督から、「おまえ、アタマからいくぞ」と言われた時は緊張した。相手のチームのベンチには兄がいる。いいところを見せて、今までの恩返しをしなくてはと思うと、体が熱くなってくるのを感じた。プレッシャーを感じながらも、その試合では四打数三安打、初の特大ホームランも打つことができた。

秋のリーグ戦からは、レギュラーでサードのポジションをつかむようになる。そして打ちまくって、打率四四四と首位打者を狙えるまでになった。が、惜しいかな、四年生が最後のシーズンということもあって、彼らに打席を譲ってわずかに規定打席数に達せずにリーディングヒッターをとることはできなかった。

一年のシーズンが終わると、難波のところにプロ野球のスカウトがやってきた。当時、プロ野球は現在のようなドラフト制度はなく、フリースカウト制で誰でもピックアップすることができた。よっぽど欲しい選手がいる場合は、学校を中退させてでもプロ野球に入れることができた時代である。まず、難波を熱心に口説いたのは中日である。名古屋をフランチャイズにする中日ドラゴンズは万年Bクラスに甘んじていたチームで、投手では杉下茂がフォークボールを武器にエースとして頑張っていたが、打撃陣が弱くスラッガーが欲しい時であった。中日は、「今すぐ来てほしいけれど、それが無理だったら卒業するまで待つ」と熱心に誘ってくれた。

二年のリーグ戦でも難波はよく打ってチームの勝利に貢献したが、惜しくも関大は優勝することはできなかった。二年のリーグ戦が終わった時には、阪急から声がかかった。当時、阪急ブレーブスは関大出身の西村正夫監督が指揮していた。難波をノドから手が出るほど欲しかったが、西村は本音で話した。

「難波よ、そんなに迷っているのなら、来なくていいよ。ピッチャーは寿命が短いから早くプロ野球に入ったほうがいいけど、野手は大学でみっちり鍛えられて精一杯プレーしてこい。いろいろ勉強できるし、もっと大きくなれる。だいいち、そのほうが、契約金もいっぱいもらえるぞ」

難波はこう言われた時、大学は絶対に卒業してそれからプロ野球に入ろう、と決心した。たとえ、この先レギュラーで活躍できなくてどこからも誘われなくなるかもしれないけど、そう決心した。このように本心を語ってくれた西村に対して、難波は大変感動し、敬意を感じた。だから、卒業したら阪急に入って少しでも西村の役に立ちたい、と思っていた。

1956年、難波が三年の時の関大は強かった。打撃陣の主砲は難波である。試合で「四番サード難波」とアナウンスされると球場全体から大きな声援がとんだ。関西六大学リーグの中でも難波の名前はだいぶ知られるようになっていた。投手陣では二年生の村山実（元阪神）が彗星のごとく現われた。それまでの関大は法元英明（元中日）と中西勝己（元毎日）という両エースがささえていた。ところがこの二人は中途でやめてプロ野球に行ってしまった。だから、関大の投手陣は六大学の中でも最も弱体とみられていた。春のリーグ戦の最初の試合で、村山が投げることになった。この試合が公式戦での初先発であった。それまでノーコン・ピッチャーと定評があった村山が、突然、無四球の完封勝利をおさめてしまったのだ。これで、村山が自信をつけた。もう自分しかいない、という開き直った自信なのか、その後はトントン拍子に勝ち進んだ。マスコミでも、ザトペック投法の実力派投手・村山というように高く評価するようになった。

三年の春のリーグ戦で関大は打の難波、投の村山の両輪の活躍で優勝し、神宮球場での

関大時代の難波

大学選手権に臨んだ。大学日本一を決める大会である。準決勝で東京六大学優勝の早大と対戦した。当時の関西六大学の優勝チームの合言葉は、「打倒！東京六大学」であった。だから、関大ナインは早大戦の時にはライバル意識をむき出しにして戦った。巨砲・森徹（元大洋）が率いる早大に勝ち、決勝戦で日大をも撃破して、大学日本一の座についた。

難波は四年のリーグ戦でも活躍し、関西六大学記録となる7本塁打を記録する。関大は春のリーグ戦で優勝して、二年連続で大学選手権に出場することになった。ここで、東京六大学で優勝の立教と対戦することになった。

日本プロ野球の歩み

1954年：職業野球団に対して支出した広告宣伝費等の取扱いの特例税制優遇制度施行。
1955年：イースタン・リーグとウエスタン・リーグが結成。
1958年：セ・パ両リーグとも6球団ずつの合計12チームとなる。

第３章

大学４年　長嶋と初対決～入団決意

1957年の大学選手権が神宮球場で行なわれた。8月25日の準決勝で東京六大学で優勝の立教と関西六大学で優勝の関大が対戦することになった。立教大学には、東京六大学史上最高のバッターと評されていた、あの長嶋茂雄がいた。

長嶋は、千葉県の佐倉で生まれた。戦時中から草野球に夢中になっていた少年であった。小学生ながら、兄に連れられておとなの草野球チームに加わって野球をしていた。そして、中学校、高校では当然野球部に入り、中心打者として活躍するようになる。特に佐倉一高の三年の時、南関東大会で特大のホームランを放って、千葉に長嶋あり、ということをプロ野球のスカウトたちに知らしめることとなった。プロ野球からのスカウトがいっぱいあったが、結局、東京六大学の立教大学に進んだ。そして、同期の杉浦や本屋敷らとともに、万年Bクラスの立教大学を優勝を狙えるチームにまで引き上げてきたのだ。

長嶋茂雄の回想①

難波選手ですか？　あれだけマスコミで騒がれているのだから、そうとうな選手なんだろう、と思っていました。この目で彼のプレーを見てみたいと、かなり気になる存在でしたよ。

東の長嶋と西の難波の、初の対決である。関大はエース村山がダウンしていたため二番手ピッチャーの前川洋、キャッチャー上田利治（元日本ハム監督）のバッテリーだった。対する立大のピッチャーはエースの杉浦。杉浦は投げるたびに完封、防御率が一点以下という並はずれた投球術をもったピッチャーであった。ヒットを打つのも容易ではなかった。確かに、バッターボックスに立っていても、アンダースローから投げてくる速球はかなり速く、ボールにバットを当てるのも難しいほどであった。当時、スピードガンはまだなかったが、軽く百五十キロは超えていたように思う。変化球も落差のあるカーブやシュートで、大学野球の強打者でもなかなか打てない、との定評があった。この試合は案の定、七回までは杉浦のピッチングに歯が立たず、関大は散発三安打におさえられていた。長嶋、本屋敷の活躍で立大は着実に点を重ね、七回まで四対〇でリードという展開であった。関大はやっと八回二死後二本のヒットで一点をあげ、なおもランナー一塁でチャンスは続いた。そこで登場したのが難波である。杉浦が自信をもって投げた二球目を難波のバットがジャストミート、左翼上段に達するホームランとなった。杉浦が初めてあびたホームランである。なにしろそれまでは、どんな強打者に対しても圧倒的優位に立っていたピッチャーである。この時、長嶋をはじめ、まわりの者が驚いたのはいうまでもないが、いちばんショックだったのは、マウンド上で呆然と立ち尽くしていた杉浦自身であったろう。

それでも立大はなんとか五対三で逃げ切り、決勝に進んだ。決勝では専修大学に五対〇と圧勝し、日本一に輝いた。

長嶋は、目の前で豪快なホームラン、それも全幅の信頼をおいている同じチームのエースから打ったのだから、強烈な印象となって彼の脳裏に焼きついた。

長嶋茂雄の回想②

難波選手ですか？　すごい選手ですね。杉浦があのコースを打たれたのは初めて見ましたよ。しかも、レフトへの大ホームラン。僕なんかにはとうてい打てない球でした。関西にはすごいバッターがいるもんだなあと驚きましたよ。

難波と長嶋が対面したのは、この時が初めてであった。お互いにその名は知っていた。生まれた所こそ東、西と違ったが、同じ学年で、幼少の時に戦争を経験し、戦後は兄と一緒に草野球に夢中になり、中学、高校と野球部で活躍する。そして、東西の大学リーグでそれぞれホームランの記録をぬりかえる、というように二人は同じような道を歩んできた。「四番サード長島」と「四番サード難波」、日本の大学野球を代表する「四番サードN」ということになる。とくに長嶋は連日のようにスポーツマスコミを賑わしていた。

そもそも、難波はアベレージ・ヒッターだった。高校の時もたまにホームランを打っていたが、どちらかというとミートがうまいバッターであった。ところが、ひょんなキッカケから急にボールが遠くに飛ぶようになった。それは高校三年の秋、社会人野球のセレクションというのに参加した時だ。そこでのフリーバッティングでは面白いように、打った球がぽんぽんとスタンドに消えていった。だいたいボールが違っていた。全部がおろしたての真新しいボールだった。破れる寸前のボロボロのボールを使っている学校のものとは雲泥の差があった。

「へぇー、社会人野球って、こんなに飛距離のでるいいボールを使っているのか」

と、驚いたものだ。彼のバッティングフォームがこの頃固まって安定してきたこともあって、長距離バッターに変身していった。

大学時代は、自分は恵まれていた、と難波はしみじみ思う。同じ一本のヒットでも価値あるヒットを打てたし、ホームランでも目立つホームランを打てた。チャンスに強い、勝負強いバッターだったといえる。特に神宮球場で行われた大学選手権では、三年、四年と二年連続出場していい成績をおさめられた。ここでの印象が強かったから、プロ野球のスカウトたちも注目したのだろう。

プロ野球に入る時はどの球団にするかで、そうとう悩んだ。もちろん、プロ野球に入ることにはなんの抵抗もなかった。プロでやっていける自信もあったし、誘ってくれる球団もいっぱいあったから。中日、阪神、阪急、巨人、これが、最終的に残った四球団である。父親はいなかったし、自分で決めるしかなかったが、難波の気持ちは固まっていた。中日でプレーしよう、と。というのは、大学一年の時からずっと自分を追いかけてくれたし、いろいろお世話にもなったし、で、一応、監督に自分の胸の内を相談すると、

「躊躇なく、阪急に行くべきだ」

と、言う。そう言われると、難波としては西村監督に恩義を感じているから、ちょっと心が揺らいだ。本命中日に対抗阪急が急浮上してきたそんな時に、巨人から声がかかった。立教大学の長嶋茂雄がどうやら南海に入るらしい、という情報が流れて、巨人側が焦ったようだった。巨人としては右のスラッガーが欲しかったので、長嶋がダメなら是が非でも難波を獲得せよ、との指令が下ったようだが、難波と巨人を結ぶパイプがなかった。そこで、巨人側が考え出した最後の作戦、それは難波の兄を口説き落とせ、ということだった。

難波の兄は関西学院大学を卒業して、大沢商会に入社、すぐに札幌支店勤務となった。その大沢商会の隣のビルが読売新聞社だったのだ。そして、当時、映画館でのスポーツニュースの報道に使われていた8ミリ映写機が大沢商会の扱っている商品だった、ということも、かすかなつながりではあった。巨人の命を受けた読売新聞運動部記者の坂本幸夫が、その任にあたった。

難波はどの球団にしようか思い悩んだ末に、初志貫徹で、中日にお世話になろうと決めていた。そんな時に突然、札幌の兄が大阪の難波の下宿に現れた。

「昭二郎、野球をやるんだったら巨人に入れ！」

と、弟に進言した。

「ちょっと待ってくれよ、兄貴は巨人の回し者か。俺はもう中日に決めたんだ」

と、まったく相手にしなかった。ところが、これをきっかけに、親類をはじめまわりの者が寄ってたかって、「中日だけはやめろ！」と、言い出したのだ。多勢に無勢で、難波の気持ちはまたまた揺らいだ。そして、せっかく決心した中日を諦めることになる。じゃあ阪急か、というと、西村監督には悪いけどパ・リーグではやりたくなかった。どうせやるんなら、人気のセ・リーグでやりたい。じゃあ阪神か。難波にとって阪神は身近すぎて、球団の裏側までよく見ているから、阪神はイヤだ。となると、残るは巨人しかなかった。

そして、急転、巨人入りを決意したのであった。もちろん、その時点で長嶋が巨人に入るとは思ってもみなかった。

難波としては、もう就職のことで悩むのに疲れ切っていたので、早く決着してゆっくり休みたいというのが、正直な気持ちだった。巨人入りを決意した時は一刻も早く入団の契約をしたいと思った。そうしないと、どちらかというと優柔不断の難波のことだから、また心変わりしてしまいそうで不安だった。だから、結論を出したその日の夜行列車に飛び乗って一路東京に向かった。列車が名古屋に到着した時、彼は列車のトイレに隠れてじっとしていた。というのは、難波の動きを察知した中日側が、彼を見つけ出して列車から引きずり降ろす恐れがあったからだ。

翌朝、東京会館別館で読売巨人軍の品川代表と正式調印し、晴れて巨人の一員となったのである。ところが、同じその日に、立教大学野球部合宿所「智徳寮」で、長嶋茂雄が巨人入団の意思表明をしたのだ。なんという運命のいたずらなのだろうか。

難波の巨人入りを決めさせた坂本は、実は長嶋の巨人入りを知らなかった。その事実を知った彼は、難波に対して悪いことをしたと心底思って、

「難波、もしよかったら、中日に戻ってもいいんだよ」

と、難波に言ったが、彼は

「いまさら何を言うか。俺は巨人に決めたんだ」

と、ガンとして受けつけなかった。

ちなみに新聞報道によると、二人の入団の契約金は難波が八百万円、長嶋が二千八百万円。長嶋の額は今の金銭感覚でいうと二億円に相当するという。

ちょうどこの年にプロ野球にボーナス・プレーヤーという制度ができた。これは、新人の契約金を抑えるためと、ひとつの球団が多くのスター・プレーヤーを独り占めしないような制度だ。つまり、新人として契約金四百万円を越える選手は向こう二年間は試合でベンチに入れなくてはならないし、トレードは禁止されている。これによって、新人の契約金の抑制や特定の球団への偏りに少しは歯止めがかかった。しかし、この制度は五年で廃止された。このボーナス・プレーヤーの第一号が難波だった。

巨人と調印した難波はホッとした。これで、今までのモヤモヤが一気にふっとんで心の中が晴れ晴れするのを感じた。ホテルに戻って放心したようにしているところに、電話のベルが鳴った。

「監督の水原さんがキミに会いたがっている。五日後に球団事務所に来るように」

という伝言だった。ホッとしていた気持ちが急に緊張し始めたが、うれしかった。

それまでの三日間、北海道に旅行することにした。札幌の兄に、入団報告がてら会いに行ったのだ。着の身着のままで大阪から出てきたので、北海道は寒かった。初冬の北海道は大阪暮しの難波にとって、真冬の寒さに感じられた。だから、兄のジャンパーや厚手のパンツなどを借りて寒さをしのいだ。

面談当日はお昼前に球団事務所に行って、水原監督と会った。監督のほかに球団関係者らがいて、入団のあいさつと世間話をしたのだが、なんか面接をしているようでもあった。ちょうど昼時だったので食事をしたが、今まで学生をやっていた難波にとっては、それはかなりのご馳走であった。水原茂といえば、プロ野球の大監督、今まで雲の上だった人を目の前にして、緊張気味の難波はパクパク食べるわけもなく、いつもの半分程度しか食べられなかった。この会食のなかで、水原監督が、

「難波君はなかなかいいものをもっている。長嶋君に負けないよう頑張って、是非ともレギュラーを取ってほしい。君ならできる」

と言ったのが、これからプロ野球に入ろうとする若者にとっては励みになったし、印象深かった。

大阪に戻って、一日中家でゴロゴロした日を何日か過ごした。大学生活四年間でこんな

ゆったりした時間をもてたのは初めてのような気がした。そんな時に新聞社から連絡があって、広岡達朗と長嶋と一緒に三人で対談をすることになった。「新しい巨人軍の内野陣、セカンド難波、サード長嶋、ショート広岡で来年のジャイアンツは優勝だ」というような企画だった。長嶋とは、この夏の大学選手権で顔を合わせてはいたが、話をするのは初めてである。握手をした時、その毛深い腕のせいもあってか、ふつうではない野性味を感じた。

第4章

キャンプ〜プロ野球開幕

この秋、巨人軍に入団が決まったのは、難波、長嶋、小松俊広（元巨人フロント）の三人と、テスト入団の四人の合計七人であった。今日のように全員が揃って入団発表などというものはなかった。個々に入団契約を済ませ、その時に球団代表と一緒に写真を撮るぐらいだった。難波の背番号は23。巨人の第二黄金時代を築いた強打者、青田昇がつけていた背番号である。難波のことを、青田二世現る、などと報じたマスコミもあった。

12月に巨人軍の若い選手たちが集まって合同自主トレが多摩川のグラウンドで行なわれた。難波は新人として初めて巨人軍のキャンプに参加した。冬の練習なので、基礎体力をつけることが中心で、それほどきついキャンプではなかった。

いよいよ1985年の年が明けた。関西大学を卒業して、正式に巨人軍の選手となる年である。夢にまで見たプロ野球選手としての第一歩が始まる。そのスタートが、二月の明石キャンプである。この時に初めて、長嶋が巨人軍に合流した。

秋の自主トレとは違って、明石キャンプでは初めてオールメンバーで練習が行なわれた。ここでは見るもの全てが目新しかった。プロのピッチャーはさすがに速いな、という驚きと、果たして自分はついていけるのだろうか、という不安感がまず頭の中を走った。最初は、そんなに速い球にバットはかすりもしなかったが、それでも時間が経つにつれてだんだん打てるようになってきた。これからなんとかいけそうだ、という自信のようなものも出てくるようになった。

難波は打てるようになったが、それは大学時代とちっとも変わっていなかった。そこが難波の決定的な落とし穴であったといえるかもしれない。人間というのは、節目節目で伸びなくてはいけない。ひとつひとつ段階を上がるたびに、人間は大きくならなければいけない。それが人間の成長というものなのだ。プロ野球という新しいステージに立った難波には、この大きな飛躍がついに見られなかったように思う。

明石では一年先輩の藤田元司と同室になった。東京六大学の慶応のエースとして活躍し、プロ一年目で早くも巨人のエースとなった投手である。そして現役引退後も巨人軍の監督を二期つとめた人である。彼は難波の面倒をいろいろとみてくれた。

その頃、巨人軍内部では大卒組と高卒組のちょっとした確執が起こっていた。いわばエリートコースを歩んでいる大学卒組の広岡、岩本堯、藤田らと、多摩川合宿所にいる高卒組の藤尾茂、加倉井実らが、ささいなことで意見が食い違っていた。藤田はこんなつまらない摩擦に、新人の難波を巻き込みたくなかったので、合宿ではなく下宿をすすめた。藤田は難波の下宿を探す時も、東京では右も左もわからない彼のために、アチコチ探し回っ

仲良かった藤田、長嶋、難波

てくれた。
下宿場所の条件は、若い娘とか遊びとかの誘惑がなく、野球に集中できる環境であることが絶対条件であった。いろいろ見て回って、やっといい所が見つかった。それは新橋駅前にある料理屋の離れだった。なかなかいい所だったが、そこの隣の部屋には女子大生がいたので、敬遠せざるを得なかった。そんな時、週刊誌が企画したルーキーたちの座談会の席で、「下宿がなかなか見つからないんで、困ってる」とひとこと言ったら、読者からずいぶん手紙をもらった。結局、その中から新宿区笹塚にある下宿を選んだ。笹塚に決めたのは難波の条件を満たしていたのと同時に、杉並の大宮に住んでいた藤田の家と都心を結ぶ線上にあったからだ。心根のいい藤田は自分のことのように喜んでくれた。

「後楽園の時は、俺が送り迎えしてやるから、ちょうどいいよ」

と言ってくれた。だから、笹塚にいた間は、後楽園の行き帰りはいつも藤田と一緒だった。

下宿での四年間は楽しかった。家族構成はおかみさん、お婆さん、二十歳過ぎの娘さん（結局、若い娘がいたのだが）、それに小学生の男の子の四人。大人の男がいなかったので、逆に用心棒としても、その家にとってはよかったのかもしれない。最初の頃はやはり遠慮がちに生活していた。食事をするんでもいちいち着替えて食卓についたし、「居候三杯目にはそっと出し」のでいで腹八分目で抑えていた。洗濯も下着だけは恥ずかしくて自分で洗い、洋服ダンスの中で乾かしたものだ。しかし、下宿生活も慣れるにしたがってだんだん遠慮がとれ、ほとんど家族同様になっていった。それこそパンツ一丁で食事もして、その家の主人のような顔をしていた。


ほぼ一ヵ月の明石キャンプを打ち上げると、いよいよオープン戦に突入することになる。巨人の内野陣はファースト川上哲治、サード長嶋、ショート広岡、そしてセカンドには三人の選手が代わる代わるついた。土屋正孝と内藤博文と難波である。

土屋は、この二年間は三塁手として巨人のホットコーナーを守っていた。派手さはないが、きちんと自分の仕事をする八番バッターだった。内藤は、安定した守備には定評があるベテランの二塁手である。新人の難波は、関西六大学時代はずっとサードを守っていた。セカンドを守るのは初めての経験なのでぎこちなかったが、打撃力では他の二人にはない長打力が魅力だった。考えてみれば、この年二人の新人内野手が入団してきたのだから、四つのポジション争いは熾烈にならざるを得ない。で、そのうち三つは争わずに決まっているのだから、残りの一つにしわ寄せがくるのは当然といえば当然だった。

難波は同じポジションを争う、いわゆるライバルと親しくなった。ある時、練習で土屋がセカンドを守っている時、なんばのスライディングで彼を傷つけたことがある。その時、難波は彼に謝った。その謝り方が、心底から申し訳ない、という感じだったので、土屋は心を開くようになったのだ。「難波ってやつはどこまで人がいいんだ。彼なら信頼できる」と感じたのだろう。たしかに普通の人間だったら、ライバルを蹴落としてまで自分がレギュラーになりたいと必死になるのに、難波にはそれがまったくない。

難波は、長嶋に対してはライバルとは思わなかった。同じチームに入って一緒に練習するまでは、たしかによきライバルだと思っていた。東西の六大学野球で活躍して騒がれ、同時に巨人軍に入団し、守備位置も同じサードである。しかし、野球をしている時の長嶋の目つき、長嶋の体から発する熱気というものを目の当たりにするようになって、「長嶋はライバルなんかじゃない、天才だ。日本一のプロ野球選手になる男だ」と確信した。また、長嶋は守備の面でも天性のものを感じさせた。彼の守備範囲の広さは驚くほどだ。普通の三塁手の二回りも三回りも広いのだ。彼のすぐ後に三塁を守れば、スパイクの跡が残っているからよく分かる。

オープン戦では三人が代わる代わる出場してセカンドを守った。そんな中で難波はそこそこの成績を残した。一方、同じ新人の長嶋の活躍は華々しかった。毎試合、期待通りの打棒を見せるから、マスコミの長嶋フィーバーぶりは連日すごいものがあった。

1958年4月5日、いよいよプロ野球の公式戦が始まった。巨人のオープニングゲームの対戦相手は国鉄スワローズ。後楽園の超満員の観衆が見守るなか、国鉄のマウンドにはもちろんエースの金田正一が登った。日本でナンバーワンと言われている投手だ。金田は、怖いもの知らずで活躍しているルーキー長嶋をギャフンといわせようと、手ぐすねをひいてこの時を待ち構えていた。そして対戦してみると、大投手金田の圧勝に終わった。結局、長嶋はほとんどバットにかすりもしないで四打席連続三振に終わっている。いかにも長嶋らしいデビューといえる。難波はこの試合、延長十一回裏ノーアウト一、三塁の

報知新聞
THE HŌCHI-SHIMBUN
4月6日日曜日
巨人金田にキリキリ舞い
11回・町田が3ラン
期待の長嶋4打席4三振
セ・リーグ
すばらしいコーナーワーク
カーブにやられた巨人
さすが日本一 金田
浜崎真二

巨人	0	0	0	0	0	0	0	0	0	0	1	1
国鉄	0	0	0	0	0	0	0	0	0	0	4	4

1958年4月6日の紙面（長嶋4三振）

チャンスにピンチヒッターとして出場し、同じく三振に終わっているが、三塁線にするどい打球のファウルを一本打っている。

昔のベンチは狭かったせいもあって、選手たちはかなり密集して座っていた。だいたいベンチに座る選手の位置というのは決まっていて、水原監督を中心にベテランの川上や広岡がそのまわりに位置するのが普通であった。若い選手は当然、端に座ることになる。新人難波はいつも左の端にすわっていた。もう一人の新人長嶋はというと、そんな決まりなんてお構いなしに、いつもベンチの真ん中に堂々と座っていたのである。

その頃、巨人は強かった。九人野球で勝つことが多かったから、代打陣もそうそう試合に出られるわけではなかった。負け試合でピッチャーのところに打順がまわってくると代打が出るというパターンだった。試合前の打撃練習は、これはほとんどレギュラー陣のための練習といっていいものだった。主軸打者がその限られた時間のほとんど、気がすむまでバッティングをする。代打に出るようなベンチウォーマーは、それこそ三球程度の打撃練習しかできない。残りはあと二、三分という時に五人ぐらい打つわけだから、一人三球程度になる。この三球というのはバットを振る回数ではなく、バッティングピッチャーの投げる球数である。悪い球でも振らなくては、自分の番が終わってしまうのである。

難波の公式戦初ヒットは4月27日の後楽園、巨人二十試合目で達成した。彼自身5回目の代打で中日の伊奈勉投手からセンター前にはじき返したヒットである。

ペナントレースも終盤にさしかかった9月28日の後楽園、巨人優勝にあと4勝と迫っていた国鉄戦で、難波は六番ライトで先発出場した。この試合で、二打席連続ホームランを放った。難波にとってはこの年いちばん活躍した試合だったが、惜しくも九対八で打ち負けている。

「あの時のホームランは飛んだな。左中間のいちばん深いところに突きささったよ。最高の気分だったな」

と、その時の手応えをずっとはっきり覚えていた。結局、難波の初年度の成績は、四七打数一二安打、打率二五五、打点五、本塁打二。

同期の長嶋と難波は何をするんでもよく一緒に行動した。長嶋は面倒見がよかったが、けっこう大胆なことも平気でやっていた。ある時、雨でゲームが流れた時、

「おい、どこか酒でも飲みに行こうよ」

ということになって、若い者四、五人で銀座の高級クラブへ行ったことがある。その時、

1958年９月29日の紙面（難波２本塁打）

誰もお金を持ち合わせていなかった。でも、そんなことを全然気にしないで、長嶋はとっとと店へ入っていく。さんざん飲み食いしてから、店の人を呼びつけて、

「私は巨人軍の長嶋だけどね、ちょっと支配人を呼んでくれる？」

と言って、次の日、後楽園に飲み代を取りにこさせたことがある。そんな行為は難波には決してできる芸当ではない。

また、ある時、水泳の話になったことがある。

「俺はけっこう泳ぎが得意なんだよね。長嶋は泳げるの？」

と聞いたことがある。

「おい、難波、俺をどこの生まれだと思ってるの、千葉だよ」

といって、泳ぎに絶対の自信を示した。じゃあ、今度勝負しようということになって、実際にプールで競泳した。難波は長嶋の泳ぎを見てビックリした。なんと長嶋はクロールも平泳ぎでもなく、古風ゆかしき「のし泳ぎ」つまり横泳ぎで勝負してきたのだ。クロールの難波は困惑したが、勝負は勝負、難波の圧勝に終わった。しかも悪いことに、長嶋は頑張りすぎて肉離れを起こしてしまった。それで一週間程、試合を休むことになった。その間、サードは難波が守ることになった。なんか変な因縁だが、それはどうしようもないことであった。

第5章

プロ野球2年〜4年

◯社会の動き

●1959年、皇太子ご成婚で、日本全体が明るいムードに包まれた。
●1960年、日米安全保障条約改定をめぐり、全学連などによる「安保闘争」が激化した。
●1962年、東京都が世界初の1000万都市になる。テレビ受信契約数も1000万台を突破し、テレビ時代が到来した。
●1964年、オリンピック東京大会がアジアで初めて開催される。東海道新幹線開業。

1959年、難波二年目のシーズンに、早稲田実業高校から王貞治が入団する。甲子園で活躍しただけあって、王も長嶋に負けず劣らず、マスコミに騒がれたルーキーであった。ちょうど川上が現役引退した後だったので、空いた一塁のポジションを王が守ることになる。期待の王は開幕試合から出場したが、なかなか一本のヒットが出ずに苦しんでいた。ようやく二十七打席目に初ヒットが生まれた。王らしく、それはホームランだった。

王の不振が続いたこともあって、難波の出場機会も増えた。初めてファーストで先発出場した6月13日、対大洋戦。難波は四打数三安打、今シーズン初ホームランのおまけ付きの大活躍をした。

報知新聞
THE HŌCHI-SHIMBUN
6月14日 日曜日
藤田・10勝ラインへ
難波大当り
大洋の反撃"あと一本"出ず
第1号 3安打 3打点
難波・左翼席へ見事なアーチ
まさか入るとは—
出たときくらいは打たないとね
花形
セ・リーグ
パ・リーグ
三転広瀬が三塁打
荒巻KO 大毎四位に落ちる
藤田と鈴木
入念、粗雑で対照
よく投げた祓川

1959年6月14日の紙面（難波大当り）

この年に、プロ野球史上初めてとなる天覧試合が行われた。6月25日、後楽園球場での巨人・阪神戦だ。試合は追いつ追われつのシーソーゲームで終盤に突入した。4対4で迎えた9回裏、4番サード長嶋が、レフトスタンドへ劇的なサヨナラホームランを放って巨人軍に勝利をもたらした。相手投手は、難波の大学時代の同僚であり、阪神のエースと期待されている新人の村山実投手であった。

このシーズンは、難波が巨人に在籍した四年間のうちで最も打席数が多かったシーズンになる。成績は一二四打数二八安打、打率二二六、打点一七、本塁打五。

当時は必ず、月曜日と金曜日はゲームのない日であった。その代わり日曜日はダブルヘッターだった。だから、休みの前の日は楽しみだった。つまり、木曜と日曜の夜。その日はネクタイを着用して球場入りしたものだ。よく長嶋と夜の街へ繰り出したものだ。大塚や向島の芸者街へも何回か行った。お気に入りの芸者と一緒に酒を飲んで、朝までつきあうこともあった。テリトリーとしては長嶋が大塚、難波が向島だった。こういった遊びは球団でも黙認していたが、もちろん次の試合に響かない程度におさめていた。当時、長嶋は川上の家の近くに住んでいたので、彼の車の乗せてもらって後楽園に行き来していた。だか

1959年6月26日の紙面（天覧試合で長嶋サヨナラ本塁打）

内野はどこでも守った難波

ら、難波と一緒に遊びにいく時でも、川上には言えなかったので、いったん、彼と一緒に帰宅してからあわてて待ち合わせの場所にユーターンしてくることもあった。それほど遊びたい盛りだった。

三年目の1960年に、難波にとってプロ生活の中で最も思い出に残る試合があった。それは6月16日の対大洋戦、札幌円山球場で行われたデーゲームである。三対三の同点で迎えた九回裏二死満塁のチャンスに、ピンチヒッター難波が登場。大洋のエース秋山から左前にクリーンヒット。彼が初めて経験するサヨナラヒットとなった。だいたい右の代打者である難波は、左ピッチャーの時に出るのがほとんどだったが、

背番号23、難波のバッティング

この試合はもつれにもつれ、両チームの選手が総動員して戦ったので、右ピッチャー左ピッチャーなどといっていられない総力戦だった。難波が右の秋山と対戦するのは珍しいことだったが、それにもかかわらず絶好のチャンスに価値あるサヨナラヒットを打つことができた。もうひとつつけ加えると、この試合の選手の守備位置の変更が激しかった。セカンドの土屋などは五回も変わっているし、難波もセカンド、サード、セカンド、サードと四回変わっている。守備交代の両チーム合計は二十を数えた。

巨人・大洋戦というのは、水原、三原両監督ががっぷり四つになって戦い、いつも打ち合いになる。当然、試合時間も長かっ

報知新聞

THE HŌCHI-SHIMBUN

6月17日 金曜日

難波・二死満塁にサヨナラ

三たび一点差、巨人北海道で三連勝

秋山の初球を一撃

セリーグ

桑田11号 堀本・打者２人で15勝

三連投の堀本ねぎらう水原監督

花形

内角に入る絶好球

ご本人より水原監督が大喜び

四回・宮本が逆転打

堀本三連投 桑田の12号ハネ返す

第２戦

水原・三原監督訪問

くい違う"分岐点"

きのうの野球

日本ペイント

1960年６月17日の紙面（難波サヨナラ）

たし、選手もベンチにいる者ほとんどを使い果たすといったゲームが多かった。そのため後楽園では大洋戦の時だけ試合開始時間を三十分早く繰り上げていた。

この年の夏、二対〇で負けている試合があった。後半ようやくチャンスを迎えた時のことだ。打順はピッチャーだったので、当然代打がほしいところである。川上打撃コーチはベンチ内を見渡して「おい、ベンチには誰もおらんのか、じゃあ、お前行け」と、隅にいた難波に言った。そして難波が代打に出てタイムリーヒットを打ってようやく一点を返したが、結局、反撃もここまでで二対一で負けてしまった。

次の日から巨人は広島遠征であった。その時、川上は難波に「おい、お前は広島へ行かなくていいから。多摩川に残って、特訓しろ」と告げた。これには、いつもおっとりしている難波でもカチンときた。そして大変なショックを受けた。「ああ、これでおしまいだな。こんなに川上さんから素質がないと判断されているんだから」と強く感じた。せっかくのチャンスに代打に出て期待どおりにタイムリーヒットを打っているのに、あまりにもむごい仕打ちだともいえる。この時、近くにいた土屋が大きな声で不満を示した。

「そんなのおかしいよ。唯一のタイムリーヒットを打っているのに…。そんなバカなことなないよ」

と、直訴するでもなく、川上に聞こえるように言った。また、難波が代打に出て三振したのを川上がブーブー言った時も
「試合前の練習もろくろくやらせないで、いきなり代打に出ても打てっこないよ」

と言って難波を弁護する。土屋はレギュラーの二塁手である。彼もやはり川上とはウマが合わなかった。特に難波が悪く言われると黙っていられなかった・というより、難波に同情しているのかもしれない。このような言動をよくする土屋を、川上は嫌っていたようだ。

トレードは五月末までに行なわなければそのシーズン中はなし、という決まりが当時はあった。6月以降はトレードはできない。この年の春は、よくマスコミの人間から言われたものだ。

「難波さん、気をつけたほうがいいよ、5月末までは。トレードに出されるかもしれないよ」

と。難波自身、マスコミの人間から言われると、そうかもしれないな、と思った。内心ハラハラしながら5月を過ごしたが、なんの動きもないまま時間は流れていった。惜しくもこのシーズンは優勝を逃した。難波の成績は六三打数一〇安打、打率一五九、打点二、本塁打〇、

このシーズン終了後、水原監督は辞任し、代わって代打コーチの川上が監督に就任した。難波は、これで自分の野球人生も終りだな、とその時思った。

秋のオープン戦では、難波は初めてキャッチャーをやらされた。藤尾が外野へコンバートされ、控えキャッチャーの森昌彦（元西武監督）はまだ若く、ちょうどそのはざまの時期だった。次の試合ではサード、そして次はファーストというように、次々と違うポジションを守らされた。難波は、川上が何を考えているのかわからなかった。

翌1961年、川上新体制の巨人は初めてアメリカのベロビーチでキャンプをはることになった。難波は、ベロビーチ行きはどうせダメだろうとあきらめていたが、いの一番に呼ばれた。今までセカンドを守っていた土屋がトレードで国鉄に移籍した後だけに、川上は

「セカンドをもういっぺんやってみろ、ガンバレ」

と、難波に期待した。

初の海外キャンプということで、巨人ナインはもちろん、スポーツ記者たちも胸をワクワクさせていた。そんな時、そのベロビーチである事件が起きた。それは、難波、長嶋、藤田の三人がマイアミで行なわれたプロボクシングの世界ヘビー級選手権試合を見に行っ

たことが、一週間後に発覚してしまったのだ。そもそもその試合は日本でも注目されていた試合で、ヨーロッパ人のヨハンソンが無敵の黒人チャンピョンのパターソンに挑戦する試合であった。ヘビー級の世界タイトルマッチなんて、当時の日本では見られるはずもなかった。それで、せっかくのチャンスだったので、密かに同行の新聞記者にチケットを頼んでおいたのだ。その試合の日は、ちょうど巨人の練習が休みの、前日の夜だった。夕方、練習が終わると、三人で急いで飛行機に乗ってマイアミに飛んだ。それで、興奮しながらその試合を観戦したのだ。

試合は三回パターソンのＫＯ勝ちであっさり決まってしまったが、現地の記者たちが、日本のプロ野球選手がわざわざこの試合を見にきてくれた、と取材した。あげくはリングサイドまで呼ばれて、そこで写真まで撮られてしまった。結局、その写真が日本のマスコミに流れてしまい、スポーツ新聞の一面にデカデカと載るはめになってしまった。ベロビーチのキャンプには一週間遅れで日本の新聞が届く。「長嶋、藤田、難波の三人、マイアミでホリデーを楽しむ」といったタイトルでデカデカと載ったその新聞を見て、管理野球を目指す川上監督は激怒した。

難波はこのシーズン、代打で十試合に出場し、八打数二安打、打率二五〇、一打点に終わった。

長嶋、藤田、難波で世界ヘビー級選手権試合を観戦

1961年のシーズン終了後、難波はトレードを宣告される。彼は、野球の神様である川上さんに愛想尽かれたわけだから、もう野球をやめようと思った。球団からこの話があった時、もう野球をやめる、と、はっきり言った。しかし、キミを欲しがっている大阪の球団があるから、トレードに応じてくれ、と説得された。その時は球団名も明かさずに、二、三日考えるということで、別れた。その晩はもうヤケ酒を飲みたい気分だったが、残念ながら難波は飲めない人間だから、遊びに出かけた。そして、夜中の二時頃、タクシーで下宿に戻ると、マスコミの記者たちが大勢集まっていて、彼がタクシーから降りるところをパシャパシャと写真に撮っている。何ごとが起こっ

たんだ、と思っていると
「難波さん、おめでとうございます。いよいよ西鉄ですね」

と、記者が言う。

「おい、ちょっと待ってよ。今日の昼、大阪の球団という話は聞いたけど…」

と、絶句してしまった。そして、次の日といおうか、日が出るのを待って、朝一番に球団に連絡をする。もう野球を続ける意思のないことを、再度言ったが、

「キミにはお金がかかっているんだから、考え直してくれ」

と言われた。また、西鉄の川崎球団代表から電話があって、ここでも口説かれ、結局、西鉄ライオンズに行くことが決まった。

西鉄は黄金時代が終わり、豪打でならした中西太が監督に就任し、新しいチームに生まれ変わろうという時だった。巨人と全然ちがうチームカラーに、難波は戸惑った。巨人の緻密な全体野球と違って、個人技を重視したチームといえた。難波は、この年、たまに代打で試合に出るにとどまった。成績は十五試合、十三打数二安打、打率一五四、打点〇、本塁打〇。

そして、1962年のシーズン終了後、西鉄を退団する。もう野球をやめる、と一年前に決めていたので、気持ちの整理はついていた。たった五年間という短い野球人生に、自

分自身に心から「ご苦労さん」と言いたい気持ちだった。思えば、長いようで短い選手生活だったな、と感無量になる。
プロ野球五年間の通算成績は、二五五打数五四安打、打率二一二、打点二五、本塁打七本だった。

プロ野球生活でいちばん印象に残っているのは、巨人軍で長嶋と一緒に野球をできたことだろう。長嶋茂雄は天性のスーパースターだ。千葉の佐倉の農家に生まれ、東京六大学の立教からジャイアンツと、自分の好きなように歩んできた。あれだけ騒がれて入団して、新人王や首位打者や打点王といったタイトルを取る活躍をする。ここぞという時にファンの期待にきっちり応える。特に日本シリーズや天覧試合といった特別な試合やオールスター戦のような一種お祭りの試合にはことさら燃えて活躍した。これはもう、そういう星の元に生まれてきた、としか言いようがない。プロ野球史に残る成績の中でトップのものはほとんどない。それでいて、ミスタープロ野球と言われ続け、みんなから愛されている。これは、彼の性格、発想、行動など全てが、普通と違っていたからだろう。並の人間とはもっているものが違う。あれは努力しても得られるものではない。天性のものなのだ。同じ巨人の主砲で数々の日本記録をもち、長嶋のよきライバルであった王貞治とは対照的だ。

年度	球団	試合	打席	打数	得点	安打	二塁打	三塁打	本塁打	塁打	打点	盗塁	盗塁死
1958	巨人	40	47	47	3	12	3	1	2	23	5	0	0
1959		66	139	124	11	28	2	1	5	47	17	0	1
1960		48	76	63	3	10	1	0	0	11	2	1	1
1961		10	10	8	0	2	1	0	0	3	1	0	0
1962	西鉄	15	14	13	1	2	0	0	0	2	0	0	0
通算：5年		179	286	255	18	54	7	2	7	86	25	1	2

年度	球団	犠打	犠飛	四球	敬遠	死球	三振	併殺打	打率	出塁率	長打率	OPS
1958	巨人	0	0	0	0	0	16	0	.255	.255	.489	.745
1959		2	0	10	0	3	39	3	.226	.299	.379	.678
1960		4	0	8	0	1	22	1	.159	.264	.175	.438
1961		0	0	2	0	0	2	0	.25	.4	.375	.775
1962	西鉄	0	0	1	0	0	8	0	.154	.214	.154	.368
通算：5年		6	0	21	0	4	87	4	.212	.282	.337	.619

難波のプロ野球成績表

王は、日本のプロ野球史に輝かしい記録を数多くつくってきた。特に本塁打八六八本は前人未到の世界記録として残っている。王貞治は記録に残るプレーヤーならば、長嶋は記憶に残るプレーヤーといえるだろう。もちろん長嶋は人並み以上の努力をしたと思うけど、その天性のものがあったからこそ、いまだにスーパースターでいられるのだろう。入団当時、難波と長嶋がライバルなんて言われたのはとんでもないこと、と難波自身が語る。

日本プロ野球の歩み

1959年6月25日：初の天覧試合（後楽園球場での読売ジャイアンツVS大阪タイガース）

1961年：柳川事件。社会人野球協会（現：日本野球連盟〈先述の同名組織とは別〉）はプロ退団者の受け入れを拒否。

第６章

引退～デュプロ

野球をやめて、住み慣れた大阪に戻った。野球を忘れて、サラリーマンになって一から出直そうと決めた。とはいっても、一年間ぐらいは野球生活でのアカを洗い流す意味でのんびりと過ごそうと思っていた。

そんなある日、街のレストランで大学時代の同級生とばったり会った。久々の再会で話が盛り上った。彼はデュプロという軽印刷機などの機械を扱っている会社に勤めていた。しばらくして彼から、デュプロの軟式野球部を指導してくれないか、という誘いがあった。もちろん難波は、

「野球のことはすべて忘れようとしているので、カンベンしてよ」

と、素直に自分の気持ちを言って断った。ところが、会社が近いこともあって、何度も何度も難波をスカウトにきた。

「そんなに言うんなら分かった。じゃあ条件は週に一、二回、ギャラは高いよ」

と、当時サラリーマンの一カ月分のギャランティーを要求した。難波としては、これならデュプロも諦めるだろうと、ていのいい断り方をしたつもりだった。ところが、デュプロのほうは次の日に、ＯＫですから頼みます、という返事をもってきた。それで、とりあえずデュプロに片足を突っ込むことになった。

軟式野球のデュプロチームは、大阪市内では中くらいの成績であった。難波が指導するようになって、半年後のトーナメントでは準優勝、つぎのトーナメントでは優勝と、トントン拍子に力をつけていった。そんな時にデュプロの社長南昭二は、「社会人野球をやりたい」と言い出した。優勝までしたのだから、その上を狙いたかったのだろう。でも、遊びでできる軟式野球と野球専門職の感がある社会人野球とでは全然違うのである。難波は、その違いをトクトクと説明してやめるように進言したが、社長の意思は堅かった。デュプロの野球部をつくるには、どうしても難波の力が不可欠だった。結局、大変なことを承知で難波は協力せざるを得なかった。

社会人野球を始めるには、まず野球のできる人材を大急ぎで集めなくてはならなかった。高校野球やプロ野球のように、育てながら何年か先に一人前になればいい、などと悠長なことはいってられないのだ。それには野球人脈をもっている難波に頼るしかなかった。高校野球、大学野球、あるいはノンプロ野球から、いわばスカウトして選手を集めるのだ。社会人野球では全く無名のデュプロに、高校野球や大学野球で活躍した中心選手は来てくれない。野球で三流の学校の中心選手、あるいは社会人野球でもレギュラーになれない控え選手なら、説得次第では来てくれるだろう。

人事部長として、難波はデュプロの正式社員となった。とはいっても、元プロ野球選手は社会人野球の監督、コーチをしてはならないという規定があったため、難波は野球部には所属しなかった。

最初の仕事である選手集めは、難波の人柄のせいだろうか、意外とスムーズにいった。有望な選手を何人か獲得することができた。デュプロは、他の社会人野球チームと違って、選手にもちゃんと仕事をしてもらわなければならなかった。一日中野球だけをやっている者に給料を払える余裕はなかった。これが逆に、選手社員の野球への集中力を増幅させたのかもしれない。春にチームを結成したばかりなのに、秋の大会では早くも大阪地区で優勝して、後楽園に乗り込むことができた。社会人野球チーム結成一年未満で全国大会に出場できた、というのは初めてのことだった。

当時、デュプロで活躍してプロに入った選手に、中日の松本幸行投手がいる。サイドスローの左腕投手で、貴重な場面で活躍した。中日に十年間、阪急に二年間在籍して、通算一一一勝九八敗の成績を残している。その彼をみつけてきたのも難波であった。

ちなみに、デュプロに入社した年に、長女千英美が誕生している。

この頃、甲子園で巨人・阪神戦があると、たまに見にいった。そして試合が終わると、巨人軍の芦屋の宿舎に顔を出すことがあった。ある時、川上監督に

長女千英美を抱く難波

「おい、たまには上がって飯でも食べていけよ」

と声をかけられた。

「いやあ、いいですよ」

と断ったが、まあまあ上がれよ、ということになって、川上の隣に座って一緒に夕飯を食べることになった。

「まあ、酒でも飲めや」

とオチョコを差し出されたが
「いや、私は酒は飲めないんです」

と丁重に断った。そしたら、川上が目を丸くして驚いた。

「えーっ、ウソだろう。お前、飲めないの！」

と、絶句した。巨人にいた頃の難波に対する川上の印象は、野球の練習もロクにせずに毎日酒ばかり飲んでいる奴、というものだったらしい。こういう印象を川上に与えてしまったことが難波の野球選手としての寿命を短くした、と言っても過言ではないだろう。これは、難波が悪いわけでもないし、川上が悪いわけでもない。しかし、難波自身は「自分という人間をもっとアピールすればよかった」と反省している。一方の川上も「その人物を知りもしないで印象だけでその人を判断したのは悪かった」と語っている。でも、このエピソードは難波の運命をあらわしているのかもしれない。成るように成る、しかないのだから。

その時以来、川上の難波に対する態度が変わった。野球を離れて、社会人としての難波を認めるようになった。なにかコトあるごとに、難波、難波、と声を掛けるようになった。

待望の長男、貴司が誕生。名前は、巨人軍時代にお世話になった藤田元司が、自分の名前の一文字をとって名付けてくれた。難波は生まれたばかりの長男の顔を見ながら、この子と早くキャッチボールがしたいなと思った。

やがて、難波は大阪本社から京都支店に支店長として赴くことになった。本来の仕事や野球の関係で、ちょくちょく東京へ出張するようにもなった。東京へ行くと必ず、巨人軍の広報部長をやっていた坂本幸夫のところに顔を出していた。どういうことでもなく、なんとなく落ち着けるからだった。

ある時、週刊誌を見ていたら、坂本が巨人軍をやめる、と出ていた。それで、坂本に確認の電話をしたら、新しい会社に移るという。

「そんなにいい会社があるんなら、俺も引っぱってよ」

と、話のついでに冗談のように言った。でも、この一言が、難波の人生を変えていく布石となったのだから、運命的なコトバといえる。

坂本の新しい勤め先は、パイオニアだった。パイオニアのカーステレオ販売部長というポストにあった。しばらくすると、坂本から難波に連絡が入った。

「難波よ、たしか、俺もその会社に引っぱってよ、って言ってたよな」

と切り出してきた。そして、パイオニアに来ないか、と続けた。坂本の真剣な声を聞いて難波はドキリとした。デュプロという会社が好きだったし、何も不満もない。平々凡々とした、安定した生活をしていたので、それを壊すことは望んでいなかった。だから、難波はもちろん断った。しかし、人から頼まれるとイヤと言えない性格の難波は、結局、坂本の話を受け入れることになる。難波のこういった性格をいちばんよく知っているのは、坂本だったのかもしれない。プロ野球に入る時も、ほとんど中日に決定していた難波を巨人に翻意させたのが、この坂本だったからだ。難波は自分の生活の基盤である大阪勤務という条件を提示して、パイオニアに行くことになった。

結局、難波はデュプロに五年間在籍したことになる。小さな会社のデュプロが社会人野球に参入できたのは、彼の業績である。そして、後楽園で野球ができるようになったのもそうである。

難波貴司の記憶①

家にはいつも人が集まってきていましたね。多分デュプロの野球選手たちだったと思います。父は飲めませんでしたが、お中元やお歳暮でビールやお酒などを多くいただいていたので、彼らに振舞っていたようです。とにかくお休みの夕方になると、居酒屋のように連日大賑わいでした。

難波と貴司

日本プロ野球の歩み

1965年：第1回・プロ野球ドラフト会議（新人選手選択会議）。
1975年：パ・リーグが指名打者制導入。
1978年：江川事件（いわゆる「空白の1日」）。
1980年：日本プロ野球選手会が労働組合として認可。
1985年：パ・リーグが予告先発導入。当初は日曜日の試合のみ。
2004年　パ・リーグでプレーオフ制度導入。
2005年：初のセ・パ交流戦が実施。独立リーグの四国アイランドリーグ（現：四国アイランドリーグplus）が発足。
2006年：ワールド・ベースボール・クラシックで、プロ選手（日本人メジャーリーガー2名を除いて全員NPB所属選手）によって構成された日本代表チームが初優勝する。

第７章

パイオニア〜晩年

○社会の動き

●1969年、大学紛争が日本各地で激化する。東大、京大、日大、早大などで、デモ隊と機動隊の衝突が相次いだ。

アメリカのアポロ11号が月面に着陸し、宇宙時代に突入した。

●1970年、万国博覧会が大阪で開催され、過去最高の来場者数を記録した。

●1973年、オイルショックが起こり、日本各地で物品の買い占めが起こり、国民は混乱する。

●1975年(昭和50年) 沖縄海洋博開催。

●1976年(昭和51年) ロッキード事件。

●1985年(昭和60年) 筑波万博開催。日本航空123便墜落事故。

●1989年(昭和64年/平成元年) 昭和天皇が崩御し、「平成」に改元。

●1995年(平成7年) 阪神・淡路大震災。東京で地下鉄サリン事件が起きる。

●1998年 長野県で長野オリンピックが開催される。

●2001年 アメリカ同時多発テロ事件発生。

●2011年 東北地方太平洋沖地震、福島第一原子力発電所事故が発生(東日本大震災)。

そんなわけで、難波はデュプロを円満退社してパイオニアに入社することになった。パイオニアの社長の石塚庸三は、元野球選手なのでアタマのほうは大丈夫だろうか、と難波のことを相当心配していた。で、難波と実際にあって話をしてみて、安心したらしい。

1968年、パイオニアカーステレオ販売部大阪営業所係長として、難波の第三の人生がスタートした。デュプロの人事部長のポストに比べると、ずいぶんランクが下がったように感じるけれど、もともと難波にはそういった出世欲みたいなものはなかった。難波は、しばらくすると新会社設立の関係で東京勤務を命じられる。大阪に妻子を残して、単身赴任で東京に住むことになった。

今まで家族と一緒に住んでいたので、遠くの地で一人で暮らすようになるとホントに寂しいものだ。土曜日曜の連休の時には必ず大阪の家に帰って家族と一緒に過ごした。金曜日の夕方、五時いちばんでタイムカードを押して、大阪へクルマを飛ばした。ちょうど中間点の浜名湖サービスエリアで、家に電話をした。ひとりクルマで五、六時間も高速道路

クルマ好きの難波

を運転していると、おかしくなるものだ。誰ともしゃべらないから、無口になってしまうし、自律神経もちょっとおかしくなってくる。やっとの思いで、夜十一時頃、家に着く。家族と久し振りの対面にホッとすると同時に、長距離ドライブでの疲れで、もうヘトヘトになる。そんな生活が何ヵ月も続いた。

その新会社というのが、ワーナー・ブラザース・パイオニアである。難波は、東京を拠点とするその新会社の課長に内定したので、横浜に家を買い、家族を呼び寄せて一緒に暮らすことにした。妻と長女7歳、長男5歳の4人である。ちょうど日本で初めての大阪万国博覧会の開催の時に大阪を離れることになった。

1970年11月、ワーナー・ブラザース・パイオニア設立(1972年にワーナー・パイオニアに社名変更)。社長に石塚庸三、社員90名。営業部長に坂本、難波は邦楽販売課長でスタートした。設立と同時に業績は順調に伸び、業界でいきなり三位の売り上げを記録した。その裏では社長をはじめ社員90名が一丸となってガムシャラに働いた。邦楽では第一回新譜の『めまい』(辺見マリ)が爆発的にヒットしたのを皮切りに、四カ月後に出した小柳ルミ子のデビュー曲『わたしの城下町』も百八十万枚の大ヒットを記録。そして小坂明子の『あなた』は何と二百二十万枚という空前のヒットを飛ばし、ワーナー・パイオニアはすごい勢いで伸びていった。

1975年に営業部長の坂本が本社のパイオニアに戻ることになり、そのポストが空いた。そこに難波が抜擢されることになる。

難波は言う。レコード業界に新参入のワーナー・パイオニアがこれだけ順調にこれたのだから、ほんと、ラッキーカンパニーだ、と。そして、彼自身ラッキーマンだとも言う。ワーナー・パイオニアで創設時からいる生え抜きといったら、難波を含めて数人である。彼がラッキーをずっと引っぱってきたからこそ、これまでになれたのかもしれない。

難波は朝早く家を出て夜遅く帰宅する、仕事一筋の毎日であった。当然、幼い我が子と遊ぶ暇はなかった。子供たちと顔を合わせることも少ない生活をしていた。それでも、息子の貴司とはたまに自宅の前でキャッチボールをすることがあった。我が子の力強い動きを見て、「けっこう野球のセンスはあるな」と感じていた。

貴司が野球を始めたのは、小学校に入ってから。地元の少年野球チームに所属した。彼は、それまで、父親がプロ野球選手であったことを知らなかった。その野球チームに入って、そこそこ活躍するようになったものの、監督やコーチから野球の技術を教えてもらった記憶がない。「難波昭二郎の息子」なので、監督やコーチも遠慮してアドバイスなどもしにくかったようだ。父親も、少年野球にあずけている関係でああだこうだと野球指導をするわけにはいかないと思っていた。なので、当の貴司は監督やコーチからも、元プロ野球選手の父親からも指導を受けることができず、自己流で野球をしていたことになる。そんなわけで、野球技術に関しては何も言わない父親だったが、野球に対する姿勢に関しては「だらだらやっているんじゃない」「全力でプレーしろ」などと言われた。

難波貴司の記憶②

家の納屋にはグローブやバットがいっぱいあったので、野球大好きの父親だと思っていました。小学校に入るまで、父親がプロ野球選手であることを知りませんでしたが、アルバムを見ていたら、あの長嶋さんと一緒に写っている写真を発見。それで、初めてジャイアンツの選手だったんだと、その事実にびっくりした記憶があります。

難波貴司の記憶③

私は小学校、中学と野球をしていました。高校時代からは、寮生活に入って野球をずっとやってきました。なので、父親と一緒に生活した期間は普通の親子よりはずっと少なかったように思います。父親には「どうせ野球をやっているのなら、野球推薦で有名校に呼ばれるような選手になれ」とよく言われました。父親の期待に答えたわけではありませんが、堀越学園、東海大学、日本通運と、野球推薦で呼ばれました。

1974年、長嶋茂雄が「巨人軍は永久に不滅です」という名文句を残して現役を引退した。それをレコード化する話が、この業界に持ち上がった。当然の話であろう。あの国民的英雄が涙の引退をしたのだから、その感動を後世に残そうと誰でも考える。そこで、レコード会社数社が長嶋にアタックした。ワーナー・パイオニアもそのうちのひとつだった。どこのレコード会社が長嶋を落とせるかが、業界の大きな関心事であった。ワーナー・パイオニアとしてはどうしてもこの話を実現させたかった。そこで、難波なら長嶋を説得できるだろう、と彼に白羽の矢が立った。難波は、しかし…、と考える。古くからの友達に仕事のことで頼みごとをするのはちょっと気が引けないわけでもなかった。それでも会社のことを考えれば、どうしても引き受けざるを得なかった。それで、「俺は長嶋に頼みやすいよ。でもあいつだって、同じように俺に断りやすいよ」と言って、引き受けた。難波はさっそく、新人監督として多摩川で指揮をとっている長嶋を訪れて、その主旨を伝えた。

「うん、レコードの話はいっぱいきているんだよ。難波の話は分かった。ちょっと考えて返事をするよ」

と、長嶋はこころよく言ってくれた。それから数日後、長嶋から電話があり

「いいよ、お前のところに任すから、やってよ」

と、快諾してくれた。

いよいよレコード制作が始まり、数か月後には販売を開始した。タイトルは『栄光の背番号3、長嶋茂雄・その球跡』。二枚組レコードでかなり高い価格であったにもかかわらず、ドキュメントのレコードとしては記録的な売り上げを残した。

難波が野球を離れても、長嶋との絆は深かった

1978年にワーナー・パイオニアは渡辺プロダクションと資本分離することになった。その時まではアメリカのワーナー・ブラザーズ社が50パーセント、パイオニアが25パーセント、渡辺プロダクションが25パーセントの資本だったが、ここで渡辺プロダクションが分離して新会社を設立することになった。ということは、今までのワーナー・パイオニアから優秀な社員がその新会社にそうとうスカウトされていくということである。二つの会社が合併するのと違って分離する場合は、社員が優越感に浸れるときでもある。つまり、彼は優秀だからぜひ新会社に欲しい、どうしても彼女は手放せない……といった人材の争奪戦があるからだ。そういう難波自身も、渡辺晋社長から熱心に誘われたが、彼はあくまでもパイオニアからワーナー・パイオニアへと来た人間だったので、踏みとどまった。

難波貴司の記憶④

父との一番の思い出は、「親子で行く大リーグ観戦ツアー」に参加したことです。フジテレビの企画で、50組100名の親子がアメリカ西海岸でのメジャーリーグの試合を応援しよう、という企画でした。野球観戦はともかく、いろいろアクシデントがあったんです。飛行機から降りたら、我々のバッグだけ出てこなくて右往左往したことを覚えています。また、父は、仕事にトラブラ発生で、中学生の息子を一人残して急遽東京に帰国してしまいました。

難波貴司の記憶⑤

父はいつもスーツを着てびしっとしていました。父は、常々こう言ってました。男は見栄を張ってでも、時計とネクタイと靴は、ちゃんとした一流のものを身につけていろよ、と。これが、難波昭二郎の美学でした。

1979年に、本社を六本木から南青山に移す。それにともなって、難波は取締役に昇進する。生前の社長、石塚庸三の援護があったからだろう、と難波は感謝している。彼は「お前はよくサラリーマンになってくれたなあ」と、よく難波に言った。難波にしてみれば、野球をきっぱり諦めてサラリーマンになりきるんだ、と自分に言い聞かせて努力したのだから、そう言われて悪い気はしなかった。

分離後も、業績は順調にのびた。世の中の流れからするともう邦楽はダメじゃないのか、といわれながらも、ワーナー・パイオニアだけは例外だった。小林幸子の『思い出酒』が百六十万枚のミリオンセラーを記録し、さだまさしの『関白宣言』もマスコミを賑わせながら百五十万枚のミリオンセラーになった。以来、ヒット曲を数多く世に送り出し、中森明菜の二年連続レコード大賞受賞などの実績を残し、難波は１９８５年には常務に昇格する。プロ野球を途中でやめた人間が普通のサラリーマンとして一から出直し、レコード会社の営業からスタートして、制作、宣伝、そして人事、組合までいろいろ手掛けてきた。

１９７０年に設立されたワーナー・パイオニアも、１９９１年に幕を閉じることになる。パイオニアの資本が抜けてワーナーの生え抜きとして、ワーナー・ミュージック・ジャパンとして生まれ変わった。難波はワーナー・パイオニアの生え抜きとして、会社の成長とともに歩んできた。この会社がここまで大きくなったのも、難波の力によるものが大きい。十分にその使命を全うしたことになる。このあたりで、音楽業界からもリタイヤし、のんびりと過ごす決心をした。

プロ野球選手としては志し半ばで大した活躍はできなかったけれども、デュプロの野球チームを都市対抗で優勝できるほどまでに育て上げ、ワーナー・パイオニアでは長嶋茂雄の引退レコードを大ヒットさせた。難波昭二郎の人生は、やはり野球から離れられなかった。というより、野球が彼をずっと守ってきてくれた、といったほうがいいだろう。野球が彼の人生を操っていたのかもしれない。

「私が歩んできた道は、いろいろ変化にとんでいると思う。ひとつひとつの節目が、私の人生をちょうどよく刺激してくれた。その節目、節目に私を支えてきたのが野球だったような気がする。野球をさせてくれた時代、家族、そして自分に感謝したい」

と、彼は語る。

「でも、私の考え方は大変ポピュラーである。常識的である。だからこそ、今の自分があるのだと思う」

と、つけ加えた。

小学校四年で母親を亡くし、高校三年で父親を亡くした。ほんとに暗い少年時代を過ごしたわけだが、自分が暗いイメージでひとの脳裏に写るのがイヤだったから、努めて明るく振る舞った。事実、まわりからは明るい人間だと思われている。プロ野球に就職して早々にやめて、サラリーマン生活を長く続けてきた。28歳で結婚し、夫として、二人の子供の親として、ずっと頑張ってきた。

難波昭二郎は還暦を迎えた時、

「これまでは常識人として、世の中の歩調に合わせて生きてきたけれど、これからは自分を中心に考えて生きていこう。好きなことをやっていこう。わがままに生きていこう」と、考えるようになったという。

1996年10月6日、ナゴヤ球場で長嶋茂雄の体が宙に舞った。この年のセ・リーグのペナントレースは最後の最後までもつれ、最終戦を残して百二十九試合目に決着がついた。巨人はねばる中日を振り切り、セ・リーグのペナントを二年振りに奪回したのだ。「最後はメークドラマが起きますよ」と、首位広島カープに十一・五ゲームも離されているのに平然と言ってのけた長嶋。誰もが絵空事と思っていたことを現実のものにしてしまうミラクルな力。天才長嶋茂雄の本領をいかんなく発揮したフィナーレといえよう。

長嶋が宙に舞ったその決定的なシーンを、難波はナゴヤ球場の内野スタンドから見つめていた。ひとりのプロ野球選手として、ひとりの長嶋ファンとして、ナゴヤ球場に足を運んでいた。その頃はめったに球場で試合を見ることはなくなったけど、この試合だけは前々から優勝決定の試合になると予想してキープしておいた。目の前で長嶋の大きな体が二度三度と宙に舞う姿を見つめながら、「あの同期の長嶋が、あのライバルの長嶋が、あの遊び友達の長嶋が…。ほんとによかった」と、難波は自分のことのように喜んだ。

1996年10月7日の紙面（長嶋胴上げ）

長嶋茂雄の回想③

難波さんはよきライバルであり、素晴らしい友人でもありました。「東の長嶋・西の難波」と新聞で並び称されることもありましたが、個人的には難波さんのほうが実力は上だと思っていました。

難波は音楽業界から解放されて、しばらくは、今までのアカを落とすべく、ゆっくりと過ごすつもりでいた。

そんなある日、藤田元司から「もう暇になったんでしょ。ちょっと少年野球を見てほしいんだけど」と連絡が入った。藤田は「世界少年野球推進財団」＊という財団法人で、世界中の野球少年たちを応援する仕事をしていた。毎年夏になると「世界少年野球大会」を開催し、世界各地から多くの少年野球チームを招いている。難波は、お世話になった藤田からの頼みを断るわけにはいかず、この事務局に所属することになった。世界中の少年野球のネットワークとの交渉から、時にはグラウンドに出て少年たちに野球指導することもあった。

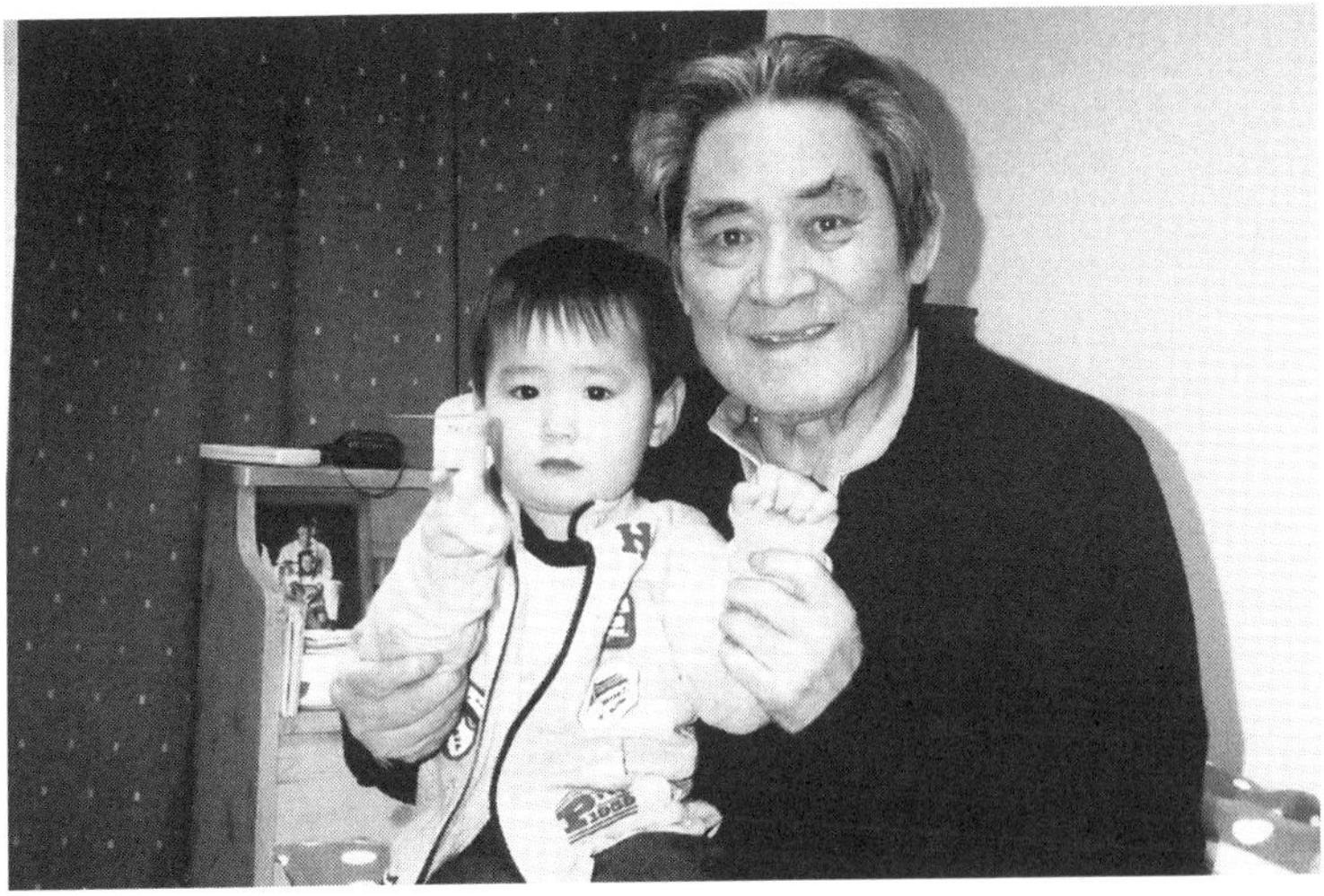

孫（貴司の長男）と遊ぶ難波

野球少年たちとのふれあいで気持ちが若くなっていた時、突然難波にアクデントが襲った。

２０００年のお正月のことである。いつものように朝起きて、歯を磨いて・・と、普段通りのことをしているのに手が上がらない。全体的に体がだるい。ちょっと不安を感じた難波は、息子の貴司に電話した。貴司は「早く救急車を呼んで病院に行ったほうがいい」と父親に助言したが、父親は言うことをきかない。貴司は心配になり、急いで難波の家に向かった。貴司の家からはクルマで小１時間の距離である。

そして、父親を病院に連れていった。医師の診断は、脳梗塞であった。もっと時間がたっていたら、深刻な状態になっていたという。貴司のいち早い対応が、軽い脳梗塞にとどめたと言える。

それから難波の闘病生活が始まった。しばらく入院していたが、病状も徐々によくなり、退院。今までのように自宅で一人で生活するようになる。とはいっても、今までのような普通の生活は厳しい。そこで数人のヘルパーさんにちょっとした事の面倒を見てもらうことになった。でも、娘の千英美も、家の近くに引っ越してきたので、ひと安心であった。

あまり体の自由が利かなくなっても難波のアタマの中は以前と変わりなくクリアであった。子供たちが訪れても、何かと頑固に振舞っていた。そんな生活が続いていた中、２００９年の夏の暑い日に異変が起こった。

難波昭二郎、２００９年8月14日、心不全のため死去。享年74歳であった。

（第三種郵便物認可）　報知新聞　2009年（平成21年）8月16日（日曜日）　スポーツ報知

長嶋さんライバル　難波昭二郎さん死去

74歳心不全

元巨人選手で、大学時代から長嶋茂雄（巨人軍終身名誉監督）のライバルとして有名だった難波昭二郎（なんば・しょうじろう）さんが14日午前8時28分、心不全のため横浜市内の病院で死去した。74歳だった。

大阪府出身の難波さんは高槻高で本格的に野球を始め、関西大では1年春から出場。大型三塁手として2年から4番を務め、関西六大学通算7本塁打。東京六大学で当時の新記録となる8本塁打をマークした同い年の立大・長嶋茂雄と東西の大学野球のスターとして活躍した。

「東の長嶋、西の難波」大学球界スター三塁手

激しい争奪戦の末、中日に入団することが決まりかけた。が、長嶋が南海へ入団すると推測した巨人から熱心な誘いを受け翻意。結果的に長嶋と1957年秋に2人そろって入団した。ポジションが重なったこともあり、先発出場の機会を得られず、プロでは結果を残せなかった。62年に西鉄に移籍した。通算成績は179試合に出場し、255打数54安打の打率・212、7本塁打、25打点だった。

当時はドラフトのない自由競争時代だったため生まれた"悲劇"ではあったが、大学時代から培われた2人の友情はユニホームを脱いだ後も変わらなかった。

引退後は、「パイオニア」に入社し「ワーナーパイオニア」へ出向。長嶋の現役時代の活躍を実況音源やインタビューで振り返るレコードの版権は争奪戦の末に同社が獲得。「ミスターG　栄光の背番号3」というタイトルで発売された。難波さんは後に同社の取締役も務めた。

通夜は19日午後6時、告別式は20日午前11時から。場所はいずれも文京区大塚5の40の1の護国寺・桂昌殿で行われる。喪主は長男・貴司（たかし）氏。

自由競争時代の"悲劇"で57同期入団結果残せず

▲▲1957年11月、巨人入団が決まった関大・難波㊨と立大・長嶋は後楽園球場で野球観戦

闘志あふれるプレー

長嶋茂雄・巨人軍終身名誉監督「大学時代からの良きライバルであり、すばらしい友人でもありました。"東の長嶋、西の難波"と新聞などで並び称されることもありましたが、個人的には難波さんの方が実力は上だと思っていました。闘志あふれるプレーぶりを今でもよく覚えています。ユニホームを脱いだ後も交流が続き、私が監督を務めていた頃は球場へよく会いにきてくれました。良い仲間、良い同級生を失い、とても残念です。心からご冥福をお祈り致します」

2009年８月16日の紙面（難波死去）

長嶋茂雄の回想④

難波さんが引退してからも交流は続いてましたよ。私が監督をしていた頃は、よく球場にも来てくれていました。よき仲間であり、よきライバルであった人を失い、とても残念です。

＊財団法人世界少年野球推進財団（WCBF：World Children's Baseball Foundation）は、野球の世界的な普及を促進し、少年少女たちに野球の素晴らしさ・奥深さを伝えていこうと1992年に王貞治とハンク・アーロンの日米の野球界を代表するホームランバッター2名の提唱により始められた「世界少年野球大会」を契機に設立された財団法人である。同団体では財団の設立が許可される前の1990年から、任意団体として「世界少年野球大会」（WCBF：World Children's Baseball Fair　ワールド・チルドレンズ・ベースボール・フェア）を毎年夏休みに開催し、世界各地から野球を愛好する少年少女たちを招待し、国際野球連盟から講師を招いて、野球の技術力向上のための少年野球教室や国際親善試合等を開催している。

付録

私が長嶋さんにお会いして取材し、その内容をまとめたものです。資生堂「花椿」の連載の一コマです。（「花椿」１９８５年６月号掲載）

自分風土記⑮

千葉県印旛郡臼井町十七番地・・・・・・　長島茂雄

小学校4年の時、初めて野球のようなものをやった。近所の子供たちが集まって行なった、三角ベースの野球である。家の裏にあった竹藪へ行って竹を切ってきて、それをバットにした。駄菓子屋でビー玉を買ってきて、それに布をぐるぐる巻いて、ボールにした。これは硬球のような音がして、けっこう飛んだ。野球が好きで好きでたまらなかった。家の庭には大きな柿の木があって、その下で夕食も食べずに素振りを何百回と繰り返した。「ツーダウン満塁、バッターは長島。ピッチャー第1球投げました。長島打ちました。あっ大きい大きい、センターバックバック、入りました。やりました、長島、逆転満塁ホームラン、さすが長島です、、」なんて、一振りごとに架空実況放送をしていた。そんな時、母親が「シゲオ、何ひとりでブツブツ言ってるんだい。早くご飯食べなさい」と、いつも私の背中に声をかけていたものだ。今でもその柿の木は残っている。

（元巨人軍監督）

あとがき

私は40数年間、美容業界のクリエイティブワーク一筋に走ってきました。その男が、美容本でなく、なぜプロ野球本を出版したのか。それは、つまり、野球を愛していたからです。まだ一般家庭にテレビがない小学生の頃、野球中継が見たくて、一人で近くの中華屋さんに行ってかき氷をひとつ注文して、ジャイアンツ戦を観戦したことを思い出します。その頃から野球が大好きになって、放課後、毎日草野球をしていました。

２０１７年12月に、12年間務めたフレグランスジャーナル社を退職して、新たに「内田プロデュース」としてスタートすることになりました。そこで幸運にも「内田今朝雄スタートＵＰパーティー」をやろうじゃないかという話になって、だったら、ここで出版記念も同時にできたらいいなと考え、急遽出版することになったのです。実は、原稿はもうずっと前に完成していて、出版時期のタイミングを計っていて、あとは印刷すればいい状態だったので、スムーズに進められると思っていたのですが、そうは簡単にいかないものですね。野球博物館に行って記録を確認したり、スポーツ新聞社に昔の新聞のコピーをしてもらったり、イラストレーションを発注したり…と。

作業を進めているあいだに、「星野仙一氏死去」のニュースが飛び込んできました。まさに、難波、長嶋と同時代に日本のプロ野球を盛り上げた名投手、名監督であります。昭和のヒーローがまたいなくなり、ちょっと寂しい思いを感じた次第です。

この本を完成させるにあたり、昭二郎さんのご子息の難波貴司さんにご協力いただき、取材とプライベートな写真を提供していただき、たいへん助かりました。貴司さんも野球の道で活躍され、現在は化粧品会社の代表取締役の傍ら、明治学院大学野球部の監督をされています。

また、時間のない中、急ピッチでイラストレーションを描いてくれた鐘尾隆さん、表紙をデザインしてくれた尾崎哲夫さん、そして組版・印刷をしてくれた安藤修さんに深く感謝いたします。

２０１８年１月
内田今朝雄

もうひとりの４番サードＮ

2018年3月12日第1版発行

著　者　内田今朝雄《けさお》

発行者　田辺修三

発行所　東洋出版株式会社
〒112-0014　東京都文京区関口1-23-6
電話　03-5261-1004（代）
振替　00110-2-175030
http://www.toyo-shuppan.com/

イラストレーション：鐘尾　隆
資料提供：報知新聞社
写真提供：難波貴司／難波千英美
装丁：尾崎哲夫
印刷・製本：日本ハイコム株式会社
乱丁・落丁はお取り替えいたします。
ISBN 978-4-8096-7904-9　C0075
定価はカバーに表示してあります